これで完璧

地方自治法250問

〈第6次改訂版〉

地方公務員昇任試験問題研究会［編著］

学陽書房

第6次改訂版刊行にあたって

地方公務員昇任試験問題研究会では,「試験に向けた万全の準備が1冊でできる問題集がほしい」という受験者のみなさんの要望に応えるべく,平成12年に本書初版を刊行いたしました。

それから,早くも24年が経ちました。

これまでの長きにわたり歴代の受験者のみなさんに本書をご利用いただいたおかげで,これまで5次にわたって改訂をすることができましたが,このたび令和4年12月に地方自治法が改正されたことから,その改正内容を盛り込んで第6次改訂版として刊行することといたしました。

本書の持つ特徴は次の通りです。

- 基礎問題から応用問題まで,地方自治法の出題範囲を十分にカバーする250問を体系的に並べて収録しています。
- 各設問には出題頻度ランク順に★★★　★★　★の三段階の星印を付けています。**時間のないときには,出題頻度の高い設問順に消化していくのが効率的です。**
- 設問の解答をすぐに確認できるように,表頁に設問2題,後頁にそれに対応する解説2題を収録しました。
- 一度当たって解けなかった問題を再度チェックできるように「正解チェック欄」を設けました。繰り返し設問を解く上で日付を入れるなど進捗管理にもお使いいただけます。
- 今改訂にあたっては,令和4年施行の地方自治法改正（災害等の場合の招集日の変更),令和5年施行の地方自治法改正（請負禁止の範囲の明確化・緩和，地方議会の役割及び議員の職務等の明確化等），令和６年施行の地方自治法改正（会計年度任用職員に対する勤勉手当の支給，公金事務の私人への委託に関する制度の見直し）を随所に盛り込みました。また上記改正に伴い抜本的に条文が変わったところについては，新規の設問に差し替えております。

- **近年の改正については解説中に何年改正のものでどのように改正があったのか，できる限り説明を加えております。**

本書を活用して見事合格を勝ち取られた多くの方々と同じく，今現在勉強に励まれているみなさんも晴れて合格を手にされることを祈念いたします。

令和６年２月

地方公務員昇任試験問題研究会

地方自治法250問・目次

★★★, ★★, ★………出題頻度順の星印

1　地方自治及び地方公共団体

2　住　民

3　直接参政制度

4 条例と規則

5 議会と議員

7 行政委員会及び委員

8 給与その他の給付

9 議会と長との関係

10 財務会計

12　公の施設

13　住民監査請求，住民訴訟，職員の賠償責任

14　地方公共団体相互間の協力

15　大都市等に関する特例

16　特別地方公共団体

17 地方公共団体と国との関係

凡　　例

法令名略称

憲法……………………日本国憲法（昭21）
法，自治法…………地方自治法（昭22法67）
令………………………地方自治法施行令（昭22政令16）
法規則…………………地方自治法施行規則（昭22内務令29）
行服法…………………行政不服審査法（平26法68）
公選法…………………公職選挙法（昭25法100）
地公法…………………地方公務員法（昭25法261）
地教行法………………地方教育行政の組織及び運営に関する法律（昭31法162）
地公企法………………地方公営企業法（昭27法292）

条文引用表示

法２条②Ⅱ…………地方自治法第２条第２項第２号

これで完璧

地方自治法250問

Q 1 ★ 地方自治の意義

地方自治に関する次の記述で，妥当なものはどれか。

1　団体自治とは，一定地域に関する事務はその地域の住民の意思によって，自主的に行っていくことをいう。

2　住民自治とは，国の一定地域に存する地方公共団体が自主的権限によって，自らの事務を処理することをいう。

3　憲法92条では，地方公共団体の組織及び運営に関する事項は，地方自治の本旨に基いて，条例でこれを定めるとし，地方自治の観念を表明している。

4　憲法94条では，地方公共団体の自治立法権，自治行政権，自治財政権を保障しており，地方公共団体の権限と責任で事務を行う自主性，団体自治の原則が導かれている。

5　地方公共団体は国から独立した法人として自治権が認められている。この団体自治を具体的に保障しているものとして，住民が地方公共団体の長・議会の議員等を直接選挙することや，条例の制定・改廃の請求等の直接請求などがある。

Q 2 ★ 地方公共団体の種類

地方公共団体に関する次の記述の中で妥当なものはどれか。

1　地方公共団体は，普通地方公共団体と特別地方公共団体に区分される。このうち特別地方公共団体は，特別区，政令指定都市の区，財産区，全部事務組合，役場事務組合，地方開発事業団などがある。

2　政令で指定する人口20万人以上の市で一定の要件を満たすものは特例市として指定都市の事務の一部を処理することができる。

3　町となる要件は，人口５万人以上，市街地を形成する区域内戸数が全戸数の６割以上の他，商工業等の従事者と同一世帯人員数が全人口の６割以上及び都道府県の条例で定める要件を備えていることである。

4　特別地方公共団体である特別区は，現在東京都にのみ設置されている。法に即した都道府県の名称変更の手続によって，新たに都制度，特別区の設置は可能である。

5　指定都市は，市長の権限に属する事務のうち特定の区の区域内に関するものを総合区長に執行させるため，条例で総合区を設けることができる。総合区長の任期は４年で，市長の任命によって就任する。

 1 正解チェック欄 1回目 2回目 3回目

1　×　住民自治の説明である。

2　×　団体自治の説明である。

3　×　憲法92条。条例ではなく法律である。これを受けて地方自治法などが制定されている。

4　○　地方公共団体は，その財産を管理し，事務を処理し，及び行政を執行する権能を有し，法律の範囲内で条例を制定することができる（憲法94条）。

5　×　長・議員等の直接選挙，直接請求は住民自治の具現化である。

正解　4

 2 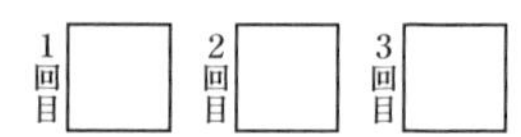

1　×　政令指定都市の行政区は独立の法人格をもっていない（法252条の20）。地方公共団体の自由度の拡大を図るための措置によって，特別地方公共団体のうち，全部事務組合，役場事務組合，地方開発事業団は廃止された（平成23年自治法改正前の法291条の14，15及び法298条）。

2　×　これは中核市の指定要件である（法252条の22①）。特例市制度は廃止されている。

3　×　これは市の要件である。ただし，法７条１項又は３項による市町村の合併及び法８条３項による市町村の合併により市町村の区域の全部又は一部を編入する町村については人口３万人以上が要件となる（法８条②　市町村の合併の特例等に関する法律第７条①）。

4　○　都制度の中の区を特別区というとされており，法律で都制度・特別区の設置はできる（令209条，大都市地域における特別区の設置に関する法律）。

5　×　総合区長は，市長が議会の同意を得て選任する（法252条の20の２③，④）。

正解　4

Q 3 ★★ 地方分権①

地方自治法の記述で，妥当なものはどれか。

1　特別区は，憲法上の普通地方公共団体として地方自治法の条文に明確に位置づけられている。

2　国と地方自治体の上下関係の構造がなくなり対等となったことにより，国の法令と自治体の条例における優劣関係はない。

3　国の役割は，国際社会における国家の存立に係る事務，全国的に統一して定めることが望ましい国民の諸活動若しくは地方自治に関する基本的な準則に関する事務又は全国的な規模，視点に立って行われる施策，事業を重点的に担うこととされている。

4　住民に身近な行政はできるだけ地方公共団体にゆだねることを基本として，国と地方公共団体の役割分担の適正化を規定した。都道府県は，基礎的な自治体として，その規模・能力に応じて事務を処理することとされている。

5　地方公共団体が自主性，自立性を発揮し易いように，都道府県が市町村，特別区に対して有していた指揮監督権限はすべて廃止されている。

Q 4 ★★ 地方分権②

地方自治法の記述で，妥当なものはどれか。

1　国・都道府県は，市町村が行う自治事務と法定受託事務に関して，全く同等に関与することができる。

2　地方公共団体に対する国の関与等に係る係争について，公平・中立の立場から審査し，勧告を行う機関として国地方係争処理委員会が総務省におかれる。

3　国と地方の間の係争処理について，地方公共団体は国地方係争処理委員会に審査を申し出るか訴訟を起こすか選択をすることができる。

4　普通地方公共団体相互の紛争の調停，市町村に対する都道府県の関与について市町村に不服があるときの審査等を自治紛争処理委員が行う。自治紛争処理委員は総務省に常勤する国家公務員として一人で審理にあたる。

5　自治紛争処理委員の審査に不服がある市町村長等は，都道府県の行政庁等を被告として，違法な関与の取消し等を求める訴訟を，最高裁判所に対して提起することができる。

 3 正解チェック欄 1回目 2回目 3回目

1　×　基礎的自治体と明示されたが，普通地方公共団体であるとはされていない（法281条の２②）。

2　×　法令に違反する条例を制定することはできない（法14条①）。

3　○　法１条の２②。

4　×　前段は正当（法１条の２）。市町村は基礎的自治体として都道府県が処理する以外の事務を処理する（法２条）。

5　×　普通公共団体が，その事務の処理に関し，普通地方公共団体に対する国又は都道府県の関与を受け，又は要することとする場合には，その目的を達成するために必要な最小限度のものとするとともに，普通地方公共団体の自主性及び自立性に配慮しなければならない（法245条の３①）。

正解　3

 4 正解チェック欄 1回目 2回目 3回目

1　×　自治事務の関与は原則として，助言・勧告，資料の提出の要求，是正の要求，協議である。法定受託事務の関与は，助言・勧告，資料の提出要求，同意，許可・認可・承認，指示，代執行，協議が原則であり，法定受託事務の方が関与の範囲が大きい（法245条の３②）。

2　○　法250条の７①。

3　×　係争処理は行政内部での解決を図る意味合いから，国地方係争処理委員会の審査は訴訟の要件とされている（法251条の５）。

4　×　委員は３人で事件ごとに任命され，審理手続が終了すると失職する（法251条②，③）。

5　×　訴訟は区域管轄の高等裁判所に対して行う。これは，国の関与に係る国地方係争処理委員会の審査結果等に不服がある場合に起こす訴訟でも同様である（法252条）。

正解　2

Q 5 ★★★ 自治事務

自治事務に関する記述として妥当なものは次のうちどれか。

1　自治事務は自治体が自主的，自立的に実施できるので，国の関与をいっさい受けない。

2　自治事務に関して，市町村は国からの関与を除いて自主的に実施できるので，都道府県は市町村の自治事務に関与する余地はない。

3　国は，地方公共団体が地域の特性に応じて自治事務を処理することができるよう特に配慮する必要がある。

4　市町村の事務が法令の規定に違反していると認める場合でも，担当大臣は都道府県の執行機関に違反の是正，改善のため必要な措置を講ずるよう指示することはできるが，自ら市町村に対して必要な措置を講ずるよう求めることはできない。

5　普通地方公共団体に対する関与に際して，都道府県が行う関与は必要最小限のものとされているが，国が行う関与には制限が設けられていない。

Q 6 ★★★ 法定受託事務

法定受託事務に関する記述として誤っているものは次のうちのどれか。

1　法令により都道府県，市町村又は特別区が処理する事務のうち，国が本来果たすべき役割に係るもので，国においてその適正な処理を特に確保する必要があるものとして法令に特に定めるものをいう。

2　法令により市町村又は特別区が処理する事務のうち，都道府県が本来果たすべき役割に係るもので，都道府県においてその適正な処理を特に確保する必要があるものとして法令に特に定めるものをいう。

3　自治体で処理することとされる事務については，法定受託事務と自治事務に区分されている。

4　地方自治体は法定受託事務に関して，国の指揮監督下にあるため，条例・規則を制定することはできない。

5　地方自治体の議会は，法定受託事務について検査，調査を行う権限を有し，また，法定受託事務は，監査委員の監査の対象となる。

 5 正解チェック欄 1回目 2回目 3回目

1　×　担当大臣の都道府県への助言・勧告，資料の提出の要求，是正の要求の関与等の国からの関与がある（法245条の３②）。

2　×　都道府県知事は市町村に対して，助言・勧告，資料の提出の要求，是正の要求等をすることができる（法245条の３②）。

3　○　法２条⑬。

4　×　担当大臣は，緊急を要すると認めるときなどは，自ら市町村に対し違反の是正等を求めることができる（法245条の５④）。

5　×　国・都道府県ともに，関与は必要最小限度のものとされ，あわせて普通地方公共団体の自主性・自立性に配慮しなければならないとされている（法245条の３①）。

正　解　3

 6 正解チェック欄 1回目 2回目 3回目

1　○　第一号法定受託事務（法２条⑨Ⅰ）。

2　○　第二号法定受託事務（法２条⑨Ⅱ）。

3　○　そのとおり（法２条⑧，⑨）。

4　×　法14条①。法令に違反しない限り条例を制定できる。

5　○　法98条，100条，199条②。

正　解　4

Q 7 ★★★ 自治事務と法定受託事務

自治事務又は法定受託事務に関する記述として，妥当なものは次のうちどれか。

1　法定受託事務とは，地方公共団体が処理する事務のうち，自治事務以外のものをいうと地方自治法上明文で規定されている。

2　地方公共団体は，自治事務・法定受託事務共に，国の法令に違反しない限り，条例を制定することができる。

3　地方公共団体が処理する事務が法定受託事務である場合には，国は地方公共団体が地域の特性に応じて事務を処理することができるよう特に配慮しなければならない。

4　自治事務・法定受託事務共に，代執行の制度は認められていない。

5　地方自治法第100条による議会の調査権はすべての法定受託事務に行使できる。

Q 8 ★★ 法定受託事務の不服申立て

法定受託事務に係る不服申立てに関する記述として，妥当なものは次のうちどれか。

1　法定受託事務は，地方公共団体の事務なので上級の行政庁はなく，処分庁・不作為庁に対して異議の申し立てによる救済措置が取られている。

2　法定受託事務に係る処分についての不服申立ては，審査請求によるか異議の申し立てを行うか申立て人が選択をすることができる。

3　法定受託事務に係る不作為についての審査請求はすべて上級行政庁に対して行う。

4　都道府県知事その他の都道府県の執行機関による法定受託事務の処分又は不作為に不服のある者は総務大臣に対して行政不服審査法による審査請求を行うことができる。

5　市町村長及び当該市町村の執行機関の行う法定受託事務に係る処分・不作為については都道府県知事，市町村教育委員会の処分は都道府県教育委員会，市町村選挙管理委員会の処分は都道府県選挙管理委員会が審査請求の審査庁となる。

 7 正解チェック欄 1回目 2回目 3回目

1　×　自治事務とは，地方公共団体が処理する事務のうち，法定受託事務以外のものをいう（法２条⑧）。法定受託事務は，第一号・第二号があり法２条９項に規定されている事務をいう。

2　○　そのとおり（法14条①）。

3　×　国が特に配慮を求められているのは自治事務に関してである（法２条⑬）。

4　×　自治事務は地方公共団体が執行責任を有しており，建築基準法に基づく国土交通大臣の措置といった例を除いて国等の代執行は認められていない。一方，法定受託事務については，国又は都道府県知事の代執行権が認められている（法245条の８）。

5　×　法定受託事務について，国の安全に関することその他の事由により議会の議決することが適当でないものとして政令で定めるものは調査対象から除かれている（法96条②）。

正　解　２

 8 正解チェック欄

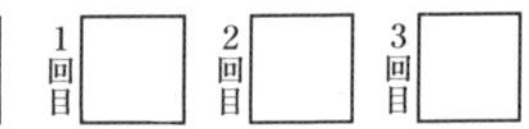

1　×　法令を所管する国等の行政機関の立場を認め，法定受託事務に関する処分・不作為に不服がある場合は，行政不服審査法による審査請求による。

2　×　行政庁の処分に不服がある者は，審査請求をすることができる（行服法２条，４条，５条②）。

3　×　上級行政庁がない場合，処分庁が主任の大臣，庁の長官である場合などは当該処分庁に対して行われる（行服法４条）。

4　×　総務大臣ではなく，当該処分又は不作為に係る事務を規定する法律又はこれに基づく政令を所管する大臣が対象（法255条の２①）。

5　○　そのとおり。

正　解　５

Q 9 ★★ 地方公共団体に対する国・都道府県の関与

地方公共団体に対する国・都道府県の関与に関する記述として，妥当でないものは次のうちどれか。

1　各大臣は，その所管する法律又はこれに基づく政令に係る都道府県の法定受託事務の処理が法令の規定に違反していると認めるときなどは，当該都道府県に対し，当該法定受託事務の処理について違反の是正又は改善のため講ずべき措置に関し，必要な指示をすることができる。
2　代執行とは，普通地方公共団体の事務の処理が法令に違反しているときなどに，その是正のための措置を当該普通地方公共団体に代わって行うことである。
3　国・都道府県の関与の行為は，助言又は勧告，資料の提出の要求，是正の要求，同意，許可・認可又は承認，指示，代執行及び協議，さらに一定の行政目的を実現するため普通地方公共団体に対して具体的かつ個別的に関する行為が掲げられている。
4　法律又はこれに基づく政令によらなければ，普通地方公共団体は，国又は都道府県の関与を受け，又は要することとされない。
5　国・都道府県が普通地方公共団体の事務処理について関与をする場合の基本原則は，迅速かつ当然の権力的な行為による目的の達成である。そのためには，地方公共団体の自主性・自立性が当然に制限される。

Q 10 ★★ 地方公共団体の権能

地方公共団体の権能に関する記述として，妥当なものは次のどれか。

1　普通地方公共団体が処理する事務として，地域における事務及びその他の事務で法令により処理することとされているものが規定されている。
2　市町村と都道府県の関係は，都道府県が適切に処理し得る事務はできるだけ都道府県が処理することを基本に，より狭義の地域で行うべき事務を市町村が行うこととしている。
3　地方公共団体は，その事務所の位置を定めこれを変更しようとするときは，条例でこれを定めなければならない。この条例の提案権は長に専属する。
4　地方公共団体の議会における過半数の議決によって，地方公共団体の事務所の位置を変更することができる。
5　地方公共団体は，当該団体において歴史的・社会的意義を有し，住民がこぞって記念することが定着している日を地方公共団体の休日と定めることができる。この場合，あらかじめ市町村にあっては都道府県知事，都道府県にあっては総務大臣の協議が必要である。

 9 正解チェック欄 1回目 2回目 3回目

1　○　そのとおり（法245条の7①）。

2　○　そのとおり（法245条）。

3　○　そのとおり（法245条）。

4　○　そのとおり（法245条の2）。

5　×　国・都道府県が普通地方公共団体の事務処理について関与する場合の基本原則は，目的達成のための必要最低限のもので，普通地方公共団体の自主性・自立性に配慮しなければならないことである（法245条の3）。

正解　5

 10 正解チェック欄 1回目 2回目 3回目

1　○　法2条②。

2　×　市町村が適切に処理し得る事務はできるだけ市町村が処理することを基に，広域行政・市町村の連絡調整・市町村が処理することが適当でない事務を都道府県が行う（法2条③，⑤）。

3　×　提案権は，長及び議員の双方にある（法4条①，行実昭34.8.31）。

4　×　当該地方公共団体の議会において，出席議員の3分の2以上の同意によって事務所の変更をすることができる（法4条③）。

5　×　前段は正当。市町村，都道府県ともに，総務大臣の協議が必要である（法4条の2③）。

正解　1

Q11 ★ 地方公共団体の名称

地方公共団体の名称に関する記述として，妥当なものは次のうちどれか。

1　都道府県の名称の変更は，当該都道府県議会の過半数の議決による条例で定められる。

2　市町村の名称の変更は，当該市町村議会の議決による条例で定められ，都道府県知事への報告によって効力が発する。

3　都道府県の名称変更は，憲法に基づき，関係住民の一般投票に付されなければならない。

4　市町村の名称変更について，法令に基づく報告が地方公共団体から都道府県知事にあったとき，知事は直ちに内閣総理大臣に通知しなければならない。

5　総務大臣は都道府県知事から名称変更の通知を受けたときは，直ちに告示し，全都道府県知事に通知しなければならない。

Q12 ★ 地方公共団体の区域①

地方公共団体の区域に関する次の記述のうち，妥当なものはどれか。

1　地方公共団体の成立要件は，住民の存在・自治権の及ぶ区域の確定である。従って，住民が居住しえない水面，上空，地下は地方公共団体の区域とはならない。

2　市町村が共同で設立した一部事務組合は，区域という概念を適用しえないので，区域を設定できない。

3　市町村の廃置分合又は境界変更は，関係市町村の申請に基づき，都道府県知事が当該都道府県議会の議決を経て定め，直ちに総務大臣に届け出なければならない。

4　市町村の境界変更については，都道府県知事が総務大臣の同意を得た時点でその効力が発生する。総務大臣が行う告示，国の関係行政機関の長への通知は効力発生要件ではない。

5　境界の変更とは，地方公共団体の新設・廃止によらない区域の変更であり，廃置分合と同様に法人格の変動が伴う。

A 11 正解チェック欄 1回目 2回目 3回目

1　×　都道府県の名称は法律で定める（法３条②）。

2　×　条例制定にあたり，あらかじめ都道府県知事に協議しなければならない（法３条③，④，⑤）。

3　○　一つの地方公共団体のみに適用される特別法として，憲法95条に基づく一般投票が必要である。

4　×　知事は直ちに総務大臣に通知する（法３条⑤，⑥）。

5　×　知事から名称変更通知を受けた総務大臣は告示とともに国の関係行政機関の長に通知する（法３条⑦）。

正解　3

A 12 正解チェック欄 1回目 2回目 3回目

1　×　陸地だけでなく河川，水面，海面を含み，地下，上空をも含む（行政裁昭12.5.20）。

2　×　地方自治法287条で，一部事務組合の規約について規定を設けなければならないとしており，２号で構成団体が規定されることから区域が特定される。

3　○　そのとおり（法７条①）。

4　×　総務大臣が行う告示によって効力が生じる（法７条⑦，⑧）。

5　×　境界の変更は法人格の変動は伴わない。

正解　3

Q 13 ★ 地方公共団体の区域②

地方公共団体の区域に関する記述として，妥当なものは次のうちどれか。

1　市町村の区域内に公有水面の埋め立てにより新しく土地ができた場合，市町村長は，当該市町村議会の議決後，都道府県知事に届け出なければならない。

2　都道府県の境界にわたる市町村の設置を伴う廃置分合や境界の変更は，都道府県の申請に基づき総務大臣がこれを定める。

3　従来地方公共団体の区域に属さなかった地域を都道府県・市町村に編入する場合，総務大臣がこれを定める。

4　市町村の区域は都道府県の区域の一部をなしている。しかし，市町村の住民は当然には都道府県の住民ではない。

5　都道府県の境界にわたる市町村の境界の変更があったときは，都道府県の境界は当然に変更されず，関係住民の住民投票の手続きが必要である。

Q 14 ★ 廃置分合・境界変更

廃置分合・境界変更に関する記述として，妥当なものは次のうちどれか。

1　廃置分合には，廃止，分割，分立，合体の４種類がある。このうち，廃止とは，市の要件を満たさなくなった自治体が町となること，町の要件を満たさない自治体が村となることが想定されている。

2　所属が未確定の地区を，ある地方公共団体の区域として確定することを合体という。

3　一つの地方公共団体を廃止して，その区域を複数の地方公共団体とすることを分立という。

4　一つの地方公共団体について，その一部を新しい地方公共団体とすることを分割という。

5　複数の地方公共団体を廃止して，新たに一つの地方公共団体を設置することを合体という。

 13 正解チェック欄 1回目 2回目 3回目

1　○　そのとおり（法９条の５①）。

2　×　都道府県ではなく，関係のある普通地方公共団体の申請が必要である（法７条③）。

3　×　総務大臣ではなく，内閣が定める（法７条の２①）。

4　×　都道府県は市町村を包括する。市町村の住民は都道府県の住民となる（法10条①）。

5　×　都道府県の境界にわたる市町村の設置又は境界の変更があったときは，都道府県の境界も，また，自ら変更する（法６条②）。

正解　1

 14 正解チェック欄 1回目 2回目 3回目

1　×　廃置分合には，分割，分立，合体，編入の４種類がある。

2　×　複数の地方公共団体を廃止して，当該区域に一つの新しい地方公共団体を設置することを合体という。

3　×　一つの地方公共団体を廃止して，その区域を複数の地方公共団体とすることは分割である。

4　×　これは，分立の説明である。

5　○　そのとおり。

正解　5

15 ★ 地方公共団体の区域の変更

地方自治法に定める普通地方公共団体の区域の変更に関する記述として妥当なものは，次のどれか。

1　都道府県の廃置分合又は境界変更は，法律でこれを定めるとされており，この法律は憲法で定める地方自治特別法にあたる。

2　市町村の廃置分合は，関係市町村がそれぞれの議会の議決に基づいて協議により決定し，都道府県知事に届け出なければならないとされている。

3　市町村の境界変更には，その類型として分割，分立，合体，編入があり，いずれも総務大臣との事前の協議が必要である。

4　都道府県の境界にわたる市町村の設置を伴う廃置分合や境界の変更については，関係のある普通地方公共団体の議会の議決を経て，当該普通地方公共団体の申請に基づき内閣が定める。

5　普通地方公共団体の区域変更のうち，境界変更は法人格の発生又は変更を伴うものであり，廃置分合は法人格の発生又は変更を伴わないものである。

16 ★ 地方公共団体の区域の紛争処理

区域の紛争に関する次の記述のうち，妥当なものはどれか。

1　市町村の境界が判明でない場合，その境界に争論がないときは，関係市町村長が都道府県知事に届け出を行うことによって，境界が確定する。

2　市町村の境界に争論があるとき，都道府県知事は関係市町村の申請の有無にかかわらず職権で自治紛争処理委員の調停に付することができる。市町村はその裁定に従う義務がある。

3　自治紛争処理委員の調停により市町村の境界が確定しないとき，又は市町村の境界に関し争論があり，すべての関係市町村から裁定を求める申請があるとき，都道府県知事は裁定を行うことができる。

4　自治紛争処理委員の調停，都道府県知事の裁定により，市町村の境界が確定したときは，関係市町村は直ちにその旨を総務大臣に届け出なければならない。

5　市町村の境界に関する都道府県知事の裁定に不服があるとき，関係市町村は，裁定書の交付を受けた日から30日以内に総務大臣に対する審査請求を行うことができる。

 15　正解チェック欄　1回目　2回目　3回目

1　○　法6条①。

2　×　市町村の廃置分合は，関係市町村の申請に基づき，当該都道府県知事がその議会の議決を経て定め，総務大臣に直ちに届け出なければならない（法7条①）。市の廃置分合は，都道府県知事が，あらかじめ総務大臣に協議し，その同意を得なければならない（法7条②）。

3　×　境界変更ではなく，廃置分合に，分割，分立，合体，編入の4種類がある。都道府県知事が行う総務大臣との事前協議，同意は市の廃置分合にも適用される（法7条②）。なお，廃置分合と境界変更の大きな違いは肢5を参照。

4　×　内閣ではなく，総務大臣が定める（法7条③，⑥）。

5　×　境界変更は法人格の変更を伴わない。廃置分合は法人格の変更を伴う。

正解　1

A 16　正解チェック欄　1回目　2回目　3回目

1　×　都道府県知事が関係市町村の意見を聴いて決定する（法9条の2①）。

2　×　都道府県知事は，議会の議決を経た関係市町村の申請に基づき自治紛争処理委員の調停に付することができる（法9条①，④）。

3　○　法9条②。

4　×　関係市町村ではなく，都道府県知事が総務大臣に届け出る（法9条⑤）。

5　×　30日以内に裁判所に出訴することができる（法9条⑧）。

正解　3

Q17 ★★ 住民①

地方公共団体の住民に関する次の記述のうち，妥当なものはどれか。

1　市町村の区域内に住所を有する者で，住民基本台帳に登録した者だけが当該市町村及びこれを包括する都道府県の住民となる。

2　住民は市町村の区域内に住所を有するものであれば，日本人か外国人であるか，自然人か法人であるかを問わない。

3　日本国民たる普通地方公共団体の住民は，地方自治法の定めるところにより，その属する普通地方公共団体の選挙に参与する義務を有する。

4　市町村の区域内に住所を有する外国人に関しては，当該市町村に外国人登録をしたものだけが住民監査請求をすることができる。

5　住民は地方公共団体の負担を分任する義務を負う。これは地方公共団体の運営に関する費用は住民が負担することを定めたものであり，当該地方公共団体の住民以外の者に負担を求めることはできない。

Q18 ★★ 住民②

地方公共団体の住民に関する次の記述のうち，妥当なものはどれか。

1　普通地方公共団体に住所を有する者は，当該普通地方公共団体の事務の監査請求をすることができる。

2　一つの地方公共団体の住民は，当該地方公共団体の議員の紹介によって，当該議会に請願する権利を有する。

3　地方自治法上，住民とは日本国籍を持ち，選挙権を有する者をいう。

4　住民は法律の定めるところにより，その属する普通地方公共団体の役務の提供をひとしく受ける権利を有し，その負担を分任する義務を負う。

5　地方公共団体の住民であるかどうかは，住民登録・外国人登録の有無をもって判断される。

17 正解チェック欄 1回目 2回目 3回目

1　×　市町村の区域内に住所を有していさえすれば当然に住民となる（法10条①）。

2　○　そのとおり。

3　×　普通地方公共団体の選挙に参与する権利を有する（法11条）。

4　×　住民監査請求は，選挙権の有無，個人法人の別，日本人外国人を問わず，区域内に住所を有するすべての住民がすることができる（法242条）。

5　×　当該地方公共団体からサービスの提供を受けた場合には，当該住民以外の者が分担金・手数料等を負担する等の例がある。

正解　2

18 正解チェック欄 1回目 2回目 3回目

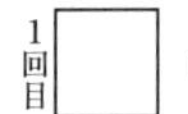

1　×　日本国民たる普通地方公共団体の住民は，事務の監査請求をすることができる（法12条②）。

2　×　当該地方公共団体の住民たると否とを問わない（行実昭25.3.16）。議会に請願しうるのは，日本国民たると外国人たるとを問わない（行実昭23.6.16）。

3　×　自然人・法人を問わず，国籍や選挙権の有無も問わない（行実昭25.3.16）。

4　○　そのとおり（法10条②）。

5　×　住民とは住所を有することが要件である。登録の有無は要件ではない。

正解　4

Q19 ★★ 選挙権

選挙権に関する次の記述のうち，妥当なものはどれか。

1　年齢満18歳以上の者で引き続き３ヶ月以上区域内に住所を有する者は，当該普通地方公共団体の議員の選挙権を有する。

2　日本国民たる年齢満18歳以上の者で引き続き３ヶ月以上区域内に住所を有する者は，当該普通地方公共団体の長の選挙権を有する。

3　日本国民たる年齢満18歳以上の者で引き続き３ヶ月以上区域内の同一地に住所を有する者だけが，当該普通地方公共団体の長・議員の選挙権を有する。

4　拘禁刑以上の刑に処せられその執行を終わるまでの者は，選挙権は有するが，被選挙権はない。

5　市町村の廃置分合又は境界変更があった場合，３ヶ月以上市町村の区域内に住所を有するかどうかは，廃置分合等の効力が発生した以降の期間をもって判定する。

Q20 ★ 選挙権・被選挙権

選挙に関する記述として妥当なものは，次のどれか。

1　日本国民は，年齢満18歳以上であり，引き続き３ヶ月以上同一市町村の区域内に住所を有していれば，原則としてその属する普通地方公共団体の議会の議員及び長の選挙権を有する。

2　日本国民は，年齢満25歳以上であれば，当該市町村の区域内に住所を有していなくても，原則としてその属する普通地方公共団体の議会の議員の被選挙権を有する。

3　日本国民は，年齢満30歳以上であっても，引き続き３ヶ月以上同一市町村の区域内に住所を有していない限り，原則としてその属する普通地方公共団体の市町村長の被選挙権を有しない。

4　普通地方公共団体の議会の議員は，その属する議会の議長を選挙することができるが，副議長に関しては議長が議員の中から選任することとされているので，議員が選挙することはできない。

5　普通地方公共団体の議会の議員は，その属する普通地方公共団体の選挙管理委員会の委員を選挙することはできないが，教育委員会の委員を選挙することができる。

19　正解チェック欄　1回目□　2回目□　3回目□

1　×　日本国民であることも要件に含まれる（法18条）。平成28年，公職選挙法・地方自治法等の一部を改正する法律が施行され，選挙権年齢が「満20年以上」から「満18年以上」に引き下げられた。

2　○　そのとおり（法18条）。

3　×　同一地でなくとも３ヶ月以上区域内に住所を有すればよく，当該区域内の転居は長・議員の選挙権に影響がない。

4　×　選挙権，被選挙権ともに有さない（公選法11条）。なお，従来の懲役・禁錮は，拘禁刑に一本化される（2025年６月施行）。

5　×　３ヶ月の期間は，市町村の廃置分合又は境界変更のため中断されることがない（公選法９条⑤）。

正解　2

20　正解チェック欄　1回目□　2回目□　3回目□

1　○　正しい（法18条）。

2　×　市町村議会の議員の被選挙権を有するためには，選挙権を有している必要がある（公選法10条①Ⅴ）。

3　×　市町村長の被選挙権は，年齢25歳以上であり，選挙権を有している必要はない（公選法10条①Ⅵ）。

4　×　議会は，議員の中から議長及び副議長１人を選挙しなければならない（法103条①）。

5　×　教育委員会の委員は，地方公共団体の長が議会の同意を得て任命する（地教行法４条②）。

正解　1

Q21 ★ 被選挙権

被選挙権に関する次の記述のうち，妥当なものはどれか。

1　日本国民たる年齢25歳以上の者で３ヶ月以上市町村の区域内に住所を有することが，当該市町村長の被選挙権の要件である。

2　選挙運動の総括主宰者の選挙犯罪による連座制が適用になり当選無効が確定した者は，その後５年間日本国内で行われる公職選挙法に基づくすべての選挙について，立候補者となることができない。

3　日本国民たる年齢25歳以上の者で３ヶ月以上市町村の区域内に住所を有する者は，当該市町村議会の議員の被選挙権を有する。

4　日本国民たる年齢25歳以上の者は，都道府県知事の被選挙権を有する。

5　市町村に勤務する地方公務員が，当該市町村から懲戒免職処分を受けたとき，２年間は当該市町村長選挙及び当該市町村議会議員選挙に立候補することができない。

Q22 ★★★ 直接請求制度

直接請求制度に関する次の記述のうち，妥当なものはどれか。

1　日本国民たる地方公共団体の住民は，選挙権を有する者の50分の１以上の署名をもって，議会の議長に対して条例の制定改廃の請求をすることができる。

2　日本国民たる地方公共団体の住民は，選挙権を有する者の50分の１以上の署名をもって，監査委員に対して事務監査請求をすることができる。

3　日本国民たる地方公共団体の住民は，選挙権を有する者の３分の１（*）以上の署名をもって，地方公共団体の長に対して議会の解散の請求を行うことができる。

4　日本国民たる地方公共団体の住民は，選挙権を有する者の３分の１（*）以上の署名をもって，議会の議長に対して長の解職の請求を行うことができる。

5　日本国民たる地方公共団体の住民は，選挙権を有する者の３分の１（*）以上の署名をもって，選挙管理委員会に対して主要公務員の解職の請求を行うことができる。

＊　その総数が40万を超え80万までについては６分の１を乗じて得た数を，80万を超える場合にあっては，その超える数に８分の１を乗じて得た数を，それぞれ40万に３分の１を乗じて得た数とを合算して得た数

21 正解チェック欄　1回目　2回目　3回目

1　×　市町村長の被選挙権には住所要件は必要とされていない（法19条③，公選法10条①Ⅵ）。

2　×　５年間同一の選挙区から立候補することができない（公選法251条の２）。

3　○　市町村議会の議員の被選挙権には住所要件が付されている（法19条①，公選法10条①Ⅴ）。

4　×　年齢30歳以上の者が都道府県知事の被選挙権を有する。都道府県知事の候補者となるに当たっては，住所に関する要件はない（法19②，公選法10条①Ⅳ）。

5　×　このような制限はない。なお，当該地方公共団体において，懲戒免職処分を受け，当該処分の日から２年を経過しない者は，当該地方公共団体において，職員となり又は競争試験・選考を受けることはできない（地公法16条Ⅱ）と，地方公務員法で一般職の公務員についてのみ規定している。

正　解　3

22 正解チェック欄　1回目　2回目　3回目

1　×　請求は地方公共団体の長に対して行う（法74条①）。

2　○　法75条①。

3　×　請求は選挙管理委員会に対して行う（法76条①）。

4　×　請求は選挙管理委員会に対して行う（法81条①）。

5　×　請求は地方公共団体の長に対して行う（法86条～88条）。

<table>
<tr><th>請求の種類</th><th>必要署名数</th><th>請 求 先</th><th>請 求 後</th></tr>
<tr><td>条例の制定・改廃</td><td rowspan="2">選挙権を有する者の総数の50分の１以上</td><td>地方公共団体の長</td><td>長が意見を付して議会に付議</td></tr>
<tr><td>事務監査</td><td>監査委員</td><td>監査の実施</td></tr>
<tr><td>議会の解散</td><td rowspan="3">選挙権を有する者の総数の３分の１（＊）以上</td><td rowspan="2">選挙管理委員会</td><td rowspan="2">選挙人の投票</td></tr>
<tr><td>長・議員の解職</td></tr>
<tr><td>主要公務員の解職</td><td>地方公共団体の長</td><td>議会に付議</td></tr>
</table>

＊　その総数が40万を超え80万までについては６分の１を乗じて得た数を，80万を超える場合にあっては，その超える数に８分の１を乗じて得た数を，それぞれ40万に３分の１を乗じて得た数とを合算して得た数

正　解　2

Q23 ★★ 直接請求①

地方自治法に定める直接請求に関する記述として妥当なものは，次のどれか。

1　直接請求は，間接民主制を補完し，住民自治の理念を実現する手段として保障されている住民の参政権である。
2　住民が直接請求をすることができる事項は，条例の制定又は改廃の請求，事務の監査請求，議会の解散の請求に限定される。
3　条例の制定又は改廃の請求とは，長が作成した個々の条例案に対して，直接，住民が投票により賛否の意思表示を行う制度である。
4　事務の監査の請求は，有権者総数の一定割合以上の連署により，特定の事務の執行の適否について，その代表者が普通地方公共団体の長に対して行う請求である。
5　議会の解散の請求は，有権者の代表者が議会の議長に対して行う請求であり，請求が成立したときは，有権者の投票に付される。

Q24 ★★ 直接請求②

直接請求に関する次の記述のうち，妥当なものはどれか。

1　普通地方公共団体の議会の議員の解職請求は，請求代表者から議長に対して行われ，議会の解職の議決において，過半数の同意があったときは，議員はその職を失う。
2　直接請求制度は，住民自治，直接民主主義に基づく住民の基本的権利であるので，当該地方公共団体の選挙権を有する住民は，すべての案件について条例の制定・改廃の直接請求を行うことができる。
3　議会の解散，議員・長の解職，主要公務員の解職の各請求において，請求代表者が，署名の収集を選挙権を有する者に委任する場合に，委任を行った請求代表者が請求先の地方公共団体の長等に署名収集委任届出書を提出しなければならない。
4　普通地方公共団体の監査委員の解職請求は，請求代表者から当該普通地方公共団体の長に対して行われる。ただし，監査委員の就職の日から1年間は解職請求をすることはできない。
5　地方公共団体の公正な運営を確保する監視手段は住民の権利として保障されている。従って，選挙権を有する住民の50分の1以上の連署による事務監査請求があった場合，監査委員は監査を行わねばならない義務を負う。

 23 正解チェック欄

1回目 □ 2回目 □ 3回目 □

1　○　正しい。

2　×　問題文の他に，長・議員又は主要公務員の解職が請求できる（法80条，81条，86条）。

3　×　条例の制定・改廃の請求は，普通地方公共団体の長に対して請求する権利である（法74条①）。長が作成した個々の条例案に対する賛否を問うものではない。

4　×　請求は普通地方公共団体の監査委員又は外部監査人に対して行う（法75条①，252条の39）。

5　×　請求は，普通地方公共団体の選挙管理委員会に対して行う（法76条①）。

正解　1

A 24 正解チェック欄

1回目 □ 2回目 □ 3回目 □

1　×　議会の議員の解職請求は議長ではなく，選挙管理委員会に対して行う（法80条①）。

2　×　地方税の賦課徴収，分担金，使用料，手数料の徴収に関する条例の制定・改廃の請求は行うことができない（法74条①）。

3　×　直接請求に係る署名収集委任届出書の提出は平成25年の自治令の改正で廃止されている（令98の4）。

4　×　監査委員を解職請求することができない期間は6ヶ月間である（法88条②）。

5　○　そのとおり（法75条）。

正解　5

Q 25 ★★ 条例の制定・改廃の請求①

条例の制定・改廃の請求に関する次の記述のうち，妥当なものはどれか。

1　条例の制定・改廃の直接請求は，当該地方公共団体の年齢満18歳以上の住民で，引き続き3ヶ月以上区域内に住所を有する者の総数の50分の1以上の連署をもってその代表者から行う。

2　議会は，条例の制定・改廃の請求により付議された事件の審議に当たっては，当該請求の代表者に意見を述べる機会を与えることができる。

3　条例の制定・改廃請求は，当該地方公共団体の長に対して行うが，教育委員会に関する条例に関しては，教育長に対して行う。

4　条例の制定・改廃請求等の直接請求において，指定都市の人口規模や事務処理の態様を踏まえ，指定都市における署名収集期間，署名簿提出期間，本請求期間，本請求補正期間が延長され，都道府県と同様の期間となった。

5　条例の制定・改廃請求に関する条例案について，長は意見を付けて議会に付議し，議長はその結果を請求した代表者に通知し，公表しなければならない。

Q 26 ★★ 条例の制定・改廃の請求②

条例の制定・改廃の請求に関する次の記述のうち，妥当なものはどれか。

1　地方公共団体に対する条例の制定・改廃請求のための署名に関して，当該地方公共団体内で国政選挙若しくは当該地方議会議員又は長の選挙が行われるときは，政令で定める期間，署名を求めることができない。

2　条例の制定・改廃の請求については，条例の主旨をもって請求し，条例案の作成を長に委ねることができる。

3　条例の制定・改廃の請求を受けた長は，意見を付して議会に付議する。その際，議会は条例制定・改廃の請求代表者の意見を求めることはできない。

4　地方公共団体の長は，条例の制定・改廃の請求について，意見を付して議会に付議しないことができる。この場合，請求代表者にその理由書を送付しなければならない。

5　条例の制定・改廃の請求を行おうとする者は，請求代表者証明書交付の告示があった日以降，当該地方公共団体における次の長又は議員の選挙が行われるまでの間，署名を収集することができる。

25 正解チェック欄

1回目 □　2回目 □　3回目 □

1　×　選挙権を有する日本国民であることも要件である（法74条①）。

2　×　当該請求の代表者に意見を述べる機会を与えなければならない（法74条④）。

3　×　当該地方公共団体の長に対してのみ請求する（法74条①）。

4　○　そのとおり（令92条③，100条，110条，116条，121条）。平成25年２月の自治令改正で，指定都市の条例の制定・改廃請求等の署名収集期間が都道府県同様に62日以内となった。また，署名簿提出期間，本請求期間，本請求補正期間についても，それぞれ都道府県と同様の期間とされた。

5　×　代表者に通知し公表するのは長が行う（法74条③）。

正解　4

26 正解チェック欄

1回目 □　2回目 □　3回目 □

1　○　そのとおり（法74条⑦）。

2　×　請求の際には，条例案を添付することが求められる（法規則９条）。

3　×　議会は当該請求の代表者に意見を述べる機会を与えなければならない（法74条④）。

4　×　長は意見を付けて議会に付議する（法74条③）。

5　×　請求代表者証明書交付の告示があった日以降，都道府県と指定都市では62日以内，指定都市以外の市町村では31日以内に署名を収集しなければならない（令92条③）。平成25年２月の自治令改正で，指定都市の署名収集の期間は都道府県と同じ期間となった。

正解　1

Q27 ★★ 条例の制定・改廃の請求に係る署名

条例の制定・改廃の請求に係る署名に関する次の記述のうち，妥当なものはどれか。

1　条例の制定・改廃の請求代表者は，署名簿を当該市町村の長に提出して，署名・押印した者が選挙人名簿に登録された者であることの証明を求めねばならない。

2　条例の制定・改廃の請求に係る署名簿を提出された当該市町村の選挙管理委員会は，その日から30日以内に審査を行い，署名の効力を決定し，その旨を証明しなければならない。

3　市町村長は，条例の制定・改廃の請求に係る署名の効力を決定する場合において必要があると認めるときは，関係人の出頭及び証言を求めることができる。

4　条例の制定・改廃の請求者の署名に関し，署名権者又は署名運動家に対し暴行を加えた者等は，4年以下の拘禁刑又は百万円以下の罰金に処せられる。

5　条例の制定・改廃の請求に係る署名は，個人のプライバシーを保護するためいかなる場合でも公開されることはない。

Q28 ★★ 事務監査請求①

事務監査請求に関する次の記述のうち，妥当なものはどれか。

1　当該地方公共団体の選挙権を有する者は，その総数の50分の1以上の連署をもって，当該地方公共団体の議会の議長に対し，その事務の執行に関し監査の請求をすることができる。

2　事務の監査請求があったとき，監査委員は直ちに請求の要旨を公表しなければならない。

3　事務の監査請求には，当該地方公共団体の選挙権を有する者の総数の50分の1以上の連署が必要である。一方，住民監査請求は当該地方公共団体の選挙権を有する者のみ提起できる請求であることに変わりないが，1人でも請求することができる。

4　監査委員は，請求事項を監査した結果報告を請求代表者に送付，公表するとともに，当該地方公共団体の長に提出する。長は，議会並びに教育委員会・選挙管理委員会など関係委員会・委員に監査結果を提出しなければならない。

5　請求代表者は，住民監査請求結果に不服があるときは，結果の送付があった日から60日以内に裁判所に訴訟を提起できる。

A 27 正解チェック欄 1回目 2回目 3回目

1　×　署名簿は選挙管理委員会に提出し，その証明を求めねばならない（法74条の2①）。

2　×　選挙管理委員会は，20日以内に審査を行わねばならない（法74条の2①）。

3　×　市町村の選挙管理委員会が必要と認めるときは，関係人の出頭・証言を求めることができる（法74条の3③）。

4　○　法74条の4。なお，従来の懲役・禁錮は，拘禁刑に一本化される（2025年6月施行）。

5　×　市町村の選挙管理委員会は，署名簿の署名を証明した後7日間，指定した場所で関係人の縦覧に供することとされている（法74条の2②）。

正解　4

A 28 正解チェック欄 1回目 2回目 3回目

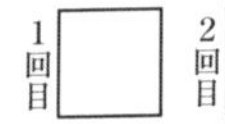

1　×　普通地方公共団体の監査委員に対し請求する（法75条①）。

2　○　法75条②。

3　×　住民監査請求は住民が請求できるので，選挙権の有無に関わらず，当該地方公共団体の区域内に住所を有するものであればすることができる（法242条）。

4　×　監査委員は，監査結果を請求代表者に送付，公表するとともに，当該地方公共団体の長，議会並びに教育委員会・選挙管理委員会など関係委員会・委員に監査結果を提出しなければならない（法75条③）。

5　×　結果の送付があった日から30日以内に裁判所に訴訟を提起できる（法242条の2①，②）。

正解　2

Q29 ★★ 事務監査請求②

事務監査請求に関する次の記述のうち，妥当なものはどれか。

1　地方公共団体の事務監査請求については，監査の対象事項に関連する者であれば当該地方公共団体以外の住民についても署名の対象者とすることができる。

2　複数の監査委員がいる地方公共団体においては，特定の監査委員に対して事務の監査請求を求めることができる。

3　事務監査請求について，長は監査委員に対して監査を行う必要がない旨の意見を付すことができる。

4　監査委員は，事務監査請求を受理した日から2ヶ月以内に請求代表者に対して監査結果を報告しなければならない。

5　事務監査請求による監査結果は，請求代表者，当該地方公共団体の議会及び長並びに関係行政委員会等に報告される。この際，監査委員が複数である場合は，監査の結果に関する報告の決定はその合議により決定される。

Q30 ★★ 議会の解散の請求①

議会の解散の請求に関する次の記述のうち，妥当なものはどれか。

1　当該地方公共団体の選挙権を有する者は，原則としてその総数の3分の1（*）以上の連署をもって，その団体の議会の議長に対して議会の解散の請求をすることができる。

2　議会解散の請求があったとき，選挙管理委員会は直ちに請求の要旨を公表し，当該団体の議会に送付する。議会で過半数以上の賛成があったとき，選挙人の投票が行われる。

3　普通地方公共団体の議会は，議会の解散の請求に基づく選挙人の投票において，4分の3以上の同意があったとき解散する。

4　普通地方公共団体の議会の解散の請求は，その議会の議員の一般選挙のあった日から1年間及び解散請求による選挙人の投票があった日から1年間は行うことができない。

5　議会の解散を請求する投票の結果が確定したとき，選挙管理委員会は請求代表者及び議会の議長に通知し，これを公表する。また，都道府県にあっては都道府県知事及び総務大臣，市町村にあっては市町村長及び都道府県知事への報告も要する。

＊その総数が40万を超え80万までについては6分の1を乗じて得た数を，80万を超える場合にあっては，その超える数に8分の1を乗じて得た数を，それぞれ40万に3分の1を乗じて得た数とを合算して得た数

29 正解チェック欄

1回目 2回目 3回目

1　×　当該地方公共団体の選挙権を有する者の総数の50分の1以上の署名が必要である（法75条①）。

2　×　特定の監査委員に対する監査ではなく，監査委員全員によって処理されるべき事項である（行実昭26.7.30）。

3　×　事務監査請求につき，長は意見を述べる余地はなく，監査委員は監査を実施しなければならない（法75条②，③）。

4　×　監査はすみやかに行うべきであるが，法律上特段の期限はない。

5　○　そのとおり（法75条④）。

正解　5

30 正解チェック欄

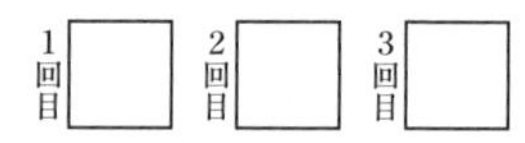

1回目 2回目 3回目

1　×　議会解散の請求は，普通地方公共団体の選挙管理委員会に対して行う（法76条①）。

2　×　選挙管理委員会は，直ちに要旨を公表し，選挙人の投票に付す（法76条②，③）。

3　×　過半数の同意があったときに解散する（法78条）。

4　○　法79条。

5　×　都道府県が総務大臣へ行う報告及び市町村が都道府県知事へ行う報告は不要である（法77条）。

正解　4

Q 31 ★★ 議会の解散の請求②

議会の解散の請求に関する記述として，妥当なものはどれか。

1　議会の解散の請求にあたって，その署名を求めることができる期間は，都道府県及び指定都市にあっては31日以内，指定都市以外の市町村にあっては16日以内とされている。
2　議会の解散の請求があったときは，長は，直ちに請求の要旨を公表しなければならない。
3　議会の解散の請求に関し，政令で定める署名を求めることができる期間外の時期に署名を求めた者は，10万円以下の罰金に処せられる。
4　議会は，選挙人による議会の解散の投票において，有効投票率が投票総数の100分の50を超え，かつ，有効投票の過半数の同意があったときに解散となる。
5　議会の解散の請求は，当該普通地方公共団体の区域内で，当該普通地方公共団体の議会の議員の一般選挙及び衆議院議員又は参議院議員の選挙のあった日から1年間は行うことができない。

Q 32 ★ 議員の解職請求

議員の解職請求に関する次の記述のうち，妥当なものはどれか。

1　選挙区の住民は，所属の選挙区の住民の原則として3分の1以上の者の連署をもって，選挙管理委員会に対して，当該選挙区の議会の議員の解職を請求することができる。
2　議員の解職請求があったとき，議会の議長は直ちに請求の要旨を関係区域内に公表しなければならない。
3　議員の解職請求があったとき，選挙管理委員会は当該選挙区の選挙人の投票に付し，4分の3以上の同意があったとき，当該議員はその職を失う。
4　同時に複数の議員の解職を請求するにつき，それが一つの解職請求書・解職請求名簿による場合は，選挙人の投票も複数人の解職の是非を一つの投票で行うことができる。
5　議員の解職請求に係る選挙人の投票結果について，選挙管理委員会は直ちに請求代表者，議会の関係議員及び議長に通知し，かつ公表する。また，当該地方公共団体の長にも報告する。

 31 正解チェック欄 1回目 2回目 3回目

1　×　議会の解散の請求等の直接請求において，署名を求めることができる期間は，都道府県及び指定都市にあっては62日以内，指定都市以外の市町村にあっては31日以内である（令92条，100条）。

2　×　議会の解散の請求は選挙管理委員会に対して行われる。請求の要旨を公表するのも選挙管理委員会である（法76条①，②）。

3　○　そのとおり（法76条④，74条の4⑥）。

4　×　解散の投票において過半数の同意があったとき解散する（法78条）。有効投票率に係る規定は定められていない。

5　×　議会の解散の請求は，その議会の議員の一般選挙のあった日から1年間及び法76条3項の規定による解散の投票のあった日から1年間はすることができない（法79条）。

正解　3

 32  1回目 2回目 3回目

1　×　議員の解職請求は，当該選挙区の選挙権を有する者の総数の3分の1（その総数が40万を超え80万までについては6分の1を乗じて得た数を，80万を超える場合にあっては，その超える数に8分の1を乗じて得た数を，それぞれ40万に3分の1を乗じて得た数とを合算して得た数）以上の連署が必要である（法80条①）。

2　×　選挙管理委員会は直ちに請求の要旨を関係区域内に公表しなければならない（法80条②）。

3　×　過半数の同意があったとき失職する（法83条）。

4　×　複数の議員の解職請求は各々の解職請求者署名簿に基づく投票が行われる（令111条）。

5　○　そのとおり。都道府県では知事に，市町村では市町村長への報告が必要となっている（法82条①）。

正解　5

Q33 ★ 長の解職請求

長の解職請求に関する次の記述のうち，妥当なものはどれか。

1　選挙権を有する者は，その総数の50分の1以上の連署をもって，選挙管理委員会に対して，長の解職を請求することができる。

2　長の解職請求は，就職の日から1年間はすることができないが，その当選が無投票当選であった場合は，1年以内でも解職請求をすることができる。

3　長の解職請求について，選挙管理委員会は議会の議長に通知し，議会の過半数の議員の同意があったとき，長はその職を失う。

4　長の解職請求について，請求後に長が失職又は死亡した場合でも，選挙人の解職の是非を問う投票は行わなければならない。

5　長の解職請求による選挙人の投票で解職された者は，当該普通地方公共団体で行われる次の長の選挙に立候補することはできない。

Q34 ★ 主要公務員の解職請求①

主要公務員の解職請求に関する次の記述のうち妥当なものはどれか。

1　選挙権を有する者は，原則としてその総数の3分の1以上の連署をもって，選挙管理委員会に対して，副知事・副市町村長，選挙管理委員，監査委員，公安委員，教育委員会委員の解職を請求することができる。

2　副知事・副市町村長等の主要公務員の解職請求について，当該地方公共団体の選挙人の投票を行い，過半数の同意があったとき当該公務員は職を失う。

3　副知事・副市町村長等の主要公務員の解職請求を受けた長は，意見を付けて当該地方公共団体の議会に付議しなければならない。

4　副知事・副市町村長等の主要公務員の解職請求が議会に付議されたとき，議会の議員の3分の2以上が出席し，その4分の3以上の者の同意があったときその職を失う。

5　副知事・副市町村長，選挙管理委員，監査委員の解職請求は，就職の日から6ヶ月間はすることができない。

 **33** 正解チェック欄 1回目 2回目 3回目

1　×　3分の1（その総数が40万を超え80万までについては6分の1を乗じて得た数を，80万を超える場合にあっては，その超える数に8分の1を乗じて得た数を，それぞれ40万に3分の1を乗じて得た数とを合算して得た数）以上の連署が必要（法81条①）。

2　○　無投票当選については，公選法100条4項，6項参照。この規定は議員の解職請求の際も同様に適用される（法84条）。

3　×　選挙人の投票に付す（法81条②）。

4　×　長が失職・死亡した場合は解職の投票は行わない。これは，議員の解職の場合も同様である（令116条の2，令112条）。

5　×　立候補は可能である。

正　解　2

 **34**  正解チェック欄 1回目 2回目 3回目 

1　×　解職の請求は地方公共団体の長に対して行う（法86条①，地教行法8条①）。なお，3分の1の規定についてはQ32の肢1の解答を参照。

2　×　主要公務員の解職請求については，選挙人の投票は行われない。当該地方公共団体の議会の議員の3分の2以上が出席し，その4分の3以上の者の同意があったときその職を失う（法87条①）。

3　×　条例の制定改廃請求と異なり，長が意見を付けることはない（法86条③）。

4　○　法87条①。

5　×　選挙管理委員，監査委員の解職請求は就職の日から6ヶ月，副知事・副市長村長の解職請求は，就職の日から1年間はすることができない（法88条①，②）。

正　解　4

Q35 ★ 主要公務員の解職請求②

主要公務員の解職請求に関する次の記述のうち，妥当なものはどれか。

1　副知事・副市町村長の解職請求は長に対し，教育委員会委員の解職請求は教育委員会委員長に対し，選挙管理委員会委員の解職請求は選挙管理委員会委員長に対してそれぞれ行われる。

2　副知事・副市町村長等の主要公務員の解職請求があったとき，長は議会に付議し，その結果を代表者及び関係者に通知し，かつ，これを公表しなければならない。

3　副知事・副市町村長等の主要公務員の解職請求につき，議員の3分の2以上の出席で4分の3以上の同意があったとき，選挙権を有する住民の投票に付され，その過半数の同意があったとき解職される。

4　主要公務員等の解職請求に係る議会の議決に不服があるとき，議決のあった日から31日以内に不服申し立てを行うことができる。

5　主要公務員等の解職請求に係る議会の議決に不服があるとき，解職請求された者は21日以内に出訴しない限りその効力が確定する。

Q36 ★★ 自治立法権と条例

自治立法権と条例に関する次の記述のうち，妥当なものはどれか。

1　地方公共団体は，自治事務に関して法令に違反しない限り条例の制定ができる。

2　普通地方公共団体は，義務を課し，又は権利を制限するには，法令に特別の定めがある場合を除くほか，条例又は規則によらなければならない。

3　憲法94条によって，地方公共団体は法律の範囲内で条例を制定できることとされている。従って，法律に違反する条例は当然に無効であり，何らの処分を要すことなくその条例は効力を発しない。

4　地方公共団体は，法令に違反してその事務を処理してはならない。市町村及び特別区は，当該都道府県の条例に違反してその事務を行う場合は，予め都道府県知事に通知しなければならない。

5　地方公共団体は，法定受託事務に関して，法令による委任がある場合のみ条例を制定することができる。

35 正解チェック欄 1回目 2回目 3回目

1　×　副知事・副市町村長，教育委員会委員，選挙管理委員会委員共に，長に対して解職請求を行う（法86条①，地教行法８条）。

2　○　そのとおり（法86条②，③）。

3　×　議会議員の３分の２以上の出席で４分の３以上の同意があったとき，当該公務員は失職する（法87条①）。

4　×　不服申し立ては議決のあった日から21日以内に行うことができる（法118条⑤）。

5　×　解職を請求された者は，議会の議決に不服があるとき，都道府県にあっては総務大臣，市町村にあっては知事に審査請求を行い，その裁決に対しさらに出訴することができる（法87条②，118条⑤）。

正解　2

A 36 正解チェック欄 1回目 2回目 3回目

1　○　法14条①。

2　×　義務又は権利の制限のためには，法令に特別の定めがある場合を除くほか，条例によらなければならない（法14条②）。

3　×　無効の判定は，当然に認定されるものとすることはできず，法律違反かどうかは裁判所の判決による（法２条⑯，⑰）。

4　×　前段は正当。市町村および特別区は，当該都道府県の条例に違反してその事務を処理してはならない（法２条⑯）。

5　×　自治事務と同様に，法定受託事務も法令に違反しない限り条例を制定することができる（法14条①）。

正解　1

Q 37 ★★ 条例の意義

条例の意義に関する次の記述のうち，妥当なものはどれか。

1　普通地方公共団体の長は，議会を招集する暇がないとき，専決処分によって規則の制定をすることはできるが，条例の制定は議会の権能であるため，長は条例制定の専決処分をすることはできない。

2　条例では行政刑罰として，2年以下の拘禁刑，100万円以下の罰金，拘留，科料，没収の刑を，秩序罰として5万円以下の過料を科することができる。

3　当該地方公共団体の選挙権を有する者は，その総数の50分の1以上の連署をもって，地方公共団体の行うすべての事務について，条例の制定・改廃の直接請求をすることができる。

4　条例の発案権は，普通地方公共団体の長と当該議会の議長に専属している。議会の委員会設置条例，議会事務局設置条例等は議長にのみ発案権があり，長は議案の提出権を有さない。

5　普通地方公共団体で制定された条例は，当該区域内の住民にのみその効力を有する。

Q 38 ★★★ 条例の制定①

条例の制定に関する次の記述のうち，妥当なものはどれか。

1　自治事務・法定受託事務いずれの事務についても手数料は地方公共団体によって定めなければならない。

2　全国的に統一すべき標準事務について手数料を徴収する場合は，政令によって対象事務及び金額が定められるので地方公共団体は，条例でなく規則で手数料を定めることができる。

3　条例の実効性を確保する手段として地方公共団体は，罰則として，50万円以下の罰金，科料，没収の刑，5万円以下の過料を科すことができる。

4　法定受託事務について，国はその事務処理の基準を示すことが認められているので，国地方係争処理委員会による審査が行われることはありえない。

5　地方公共団体は条例において，5万円以下の過料を科すことができるが，これは効率的な事務処理よりもむしろ，裁判による公正な審査を意図している。

 37 正解チェック欄 1回目 2回目 3回目

1　×　専決処分により条例の制定はできる（法179条①）。

2　○　法14条③。なお，従来の懲役・禁錮は，拘禁刑に一本化される（2025年6月施行）。

3　×　地方税の賦課徴収，分担金・使用料及び手数料の徴収に関する請求は認められない（法74条①）。

4　×　条例の発案権は，原則として長と議員が有する（法149条Ⅰ，112条①）。また，議会の委員会設置条例，議会事務局設置条例等は議員にのみ発案権がある（法109条，112条等）。

5　×　当該地方公共団体の住民の他，来訪者・旅行者等にも適用される。

正解　2

 38 正解チェック欄 1回目 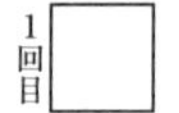 2回目 3回目

1　○　そのとおり。「自治事務」「法定受託事務」いずれの事務であってもこれらの事務に係る手数料は，すべて条例で定めなければならず，地方公共団体は自らその実費等を勘案して額を定め，条例を制定し徴収することができることを基本としている（法228条①）。

2　×　標準事務（手数料について全国的に統一して定めることが特に必要と認められるものとして政令で定める事務）に関しても条例によって手数料を定めねばならない（法228条①）。

3　×　2年以下の拘禁刑，100万円以下の罰金，拘留，科料，没収の刑，5万円以下の過料を科すことができる（法14条③）。従来の懲役・禁錮は，拘禁刑に一本化される（2025年6月施行）。

4　×　法定受託事務に関する国の関与について，地方公共団体の長等から国地方係争処理委員会に対して，審査の申し出をすることは可能である。この場合，委員会では，国の関与の適法性を審査する（法250条の14等）。

5　×　過料は行政手続により科すことのできる，能率的な制裁措置である（法14条③）。

正解　1

39 ★★ 条例の制定②

条例の制定に関する次の記述のうち，妥当なものはどれか。

1　普通地方公共団体は，自治事務については法令に違反しない場合に，法定受託事務については法の委任があった場合のみ，条例を制定できる。

2　普通地方公共団体が，義務を課し，又は権利を制限することを条例によって規定することはできず，法令に特別な定めがある場合にのみ可能となる。

3　地方公共団体の議会の議員が，議会の議決すべき事件について議案を提出する場合は，議員定数の12分の１以上の者の賛成が必要である。

4　条例は，当該地方公共団体の区域内でのみ効力を有する。その区域外においては効力を有する余地はない。

5　条例の制定は，憲法92条に基づき地方自治法に委ねられた権能であり，憲法によって直接保障された権利ではない。

40 ★★ 条例の制定手続①

条例の制定手続に関する次の記述のうち，妥当なものはどれか。

1　条例案の議会への提出権は，地方公共団体の長，議員双方がすべての案件について有する。

2　条例案は，原則的に出席議員の過半数議決による。ただし，地方公共団体の事務所の位置の決定・変更については，出席議員の３分の２以上の同意が必要であるなどの例外がある。

3　議長は，条例の議決があった日から20日以内に地方公共団体の長に対して議決書を送付しなければならない。

4　地方公共団体の長は，議長から議決書の送付があったとき，その送付を受けた日から20日以内に公布しなければならない。しかし，その期間中に公布されないときでも，20日目に公布されたとみなし，条例の効力が発生する。

5　条例は公布後，条例に定めがある日に施行される。従って，条例には必ず施行年月日の記述がなければならない。

A 39　正解チェック欄

1回目　2回目　3回目

1　×　自治事務・法定受託事務共に，法令に違反しない限り条例を制定できる（法14条①）。

2　×　普通地方公共団体が，義務を課し，又は権利を制限するには，法令に特別な定めがある場合を除いて，条例によらなければならない（法14条②）。

3　○　そのとおり（法112条②）。

4　×　当該地方公共団体において属人的な効力を有するものや，他の地方公共団体に設置された公の施設（郊外施設など）においては効力を有する条例がある。

5　×　地方公共団体の条例制定権は，憲法94条において明文で規定されている。

正解　3

A 40　正解チェック欄

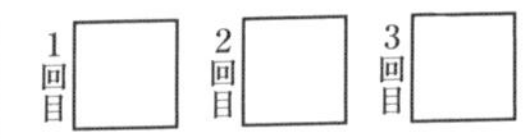

1　×　都道府県の支庁・地方事務所，市町村の支所・出張所の設置に関する条例は長に専属し（法155条①），議会事務局設置条例は議員に専属する（法138条②，行実昭53.3.22）などの例がある。

2　○　法116条１項，４条３項。その他，再議に付された議案については出席議員の３分の２以上の賛成が必要とされる（法176条③）といった例がある。

3　×　議長は議決後３日以内に，地方公共団体の長に議決書を送付しなければならない（法16条①）。

4　×　条例は公布によって効力が発生する（最判昭25.10.10）。20日以内に公布されないとき，長は政治的責任を追及されることがある。

5　×　条例に特別な定めがないとき，公布の日から起算して10日を経過した日から施行される（法16条③）。

正解　2

Q 41 ★★ 条例の制定手続②

条例の制定手続について，正しいものはどれか。

1　条例案の議決は，原則として出席議員の過半数で決定するが，重要な条例については出席議員の３分の２以上の賛成が必要である。

2　議長は，条例の制定又は改廃の議決があったときは，その日から３日以内に長に送付しなければならず，送付しないときは議決は無効となる。

3　長は，議長から条例の送付を受けた場合において再議その他の措置を講ずる必要がないと認めるときは，その日から20日以内にこれを公布しなければならない。

4　条例は，条例に特別の規定のない限り，公布の日から起算して10日を経過した日から施行される。

5　市町村長は，名称変更の条例を除き，条例を制定し又は改廃したときは，都道府県知事に報告しなければならない。

Q 42 ★ 条例案の提案

条例案の提案に関する次の記述のうち正しいものはどれか。

1　条例の発案権は地方公共団体の長及び議員並びに行政委員会の長に認められている。

2　条例の発案権が地方公共団体の長にのみ専属する場合であっても議会における修正権に制限が加えられることはない。

3　地方公共団体の長以外の他の執行機関の事務については，条例の発案権は当該執行機関の長に認められる。

4　議員が条例案を提案する場合の提案形式としては，議長名に基づいて行うことが要求されている。

5　議員が条例案を提出するに当たっては，議員定数の12分の１以上の者の賛成がなければならない。

 41 正解チェック欄 1回目 2回目 3回目

1 × 条例案の議決は，原則として出席議員の過半数で決定する（法116条①）。出席議員の3分の2以上の賛成が必要な場合は，地方公共団体の事務所の位置に関する条例（法4条③）と再議の議決（法176条③）の場合などである。

2 × 前段は正しい（法16条①）。しかし，3日以内に送付しない場合でも，議決の効力に影響はない。

3 × 長は，条例の送付を受けた場合において，再議その他の措置を講じた場合を除き，その日から20日以内に公布しなければならない（法16条②）。これは，名古屋市長が，「再議その他の措置を講ずる必要があるとして，いつまでも公布しない」という問題に対応するため，平成24年に改正された条項である。

4 ○ 法16条③。

5 × 報告義務が規定されていた自治法252条の17の11は，平成23年改正により削除された。

正 解 4

 42 正解チェック欄 1回目 2回目 3回目

1 × 条例案の提出権は，長及び議員の両方にある（法149条Ⅰ，112条①）。しかし，長以外の執行機関には認められていない。なお，条例の発案権として，住民にも直接請求が認められている（法12条①）。

2 × 長に発案権が専属する場合において，無制限に議会に修正を許すことは，事実上，議員に発案権を認めることになるので，修正には限界がある。

3 × 地方公共団体の長以外の他の執行機関の長には，条例の発案権は認められていない。

4 × 条例案を提出できるのは，議員に認められており，議長には認められていない（法112条①参照）。

5 ○ 法112条②。

正 解 5

Q43 ★ 条例の罰則

条例の罰則に関する次の記述のうち，妥当なものはどれか。

1　条例に罰則を設けることは，憲法の保障する罪刑法定主義の原則に反するものであるから，認められない。

2　条例違反者に対して行政上の秩序罰である過料を科する旨の規定を設けることはできない。

3　条例違反者に対しては，死刑は科し得ない。

4　条例においては行為者自身だけでなく法人に対しても同時に財産権を科するいわゆる両罰規定は設けることができない。

5　行政罰と刑事罰との間には質的な差異があるので，行政罰については原則として刑法総則の適用は認められない。

Q44 ★★ 条例と規則の罰則①

条例と規則の罰則に関する次の記述のうち，妥当なものはどれか。

1　条例違反に対する罰則が法律に規定されている場合にのみ刑罰を科することができる。

2　条例違反者に対して科し得る刑罰の種類は，罰金だけであって，死刑及び拘禁刑は科し得ない。

3　条例に定める罪に関する事件は，地方公共団体がこれを管轄する。

4　条例に違反して罰金を科された場合，その納められた罰金は，地方公共団体の収入になる。

5　規則違反に対する過料には，刑法総則が適用されず，地方税の滞納処分の例により強制徴収される。

 **43** 正解チェック欄 1回目 □ 2回目 □ 3回目 □

1　×　憲法31条において，法律で刑罰を定めることとしていることから罪刑法定主義との関連で問題となるが，条例は民意を代表する議会で制定されるものであるから，憲法に反しないと解されている。

2　×　法14条3項により過料を科すことができる。

3　○　条例違反者に対して科し得る刑罰の種類は，行政刑罰としての拘禁刑，罰金，拘留，科料，没収及び秩序罰としての過料である(法14条③)。死刑は科し得ない。懲役・禁錮は，拘禁刑に一本化される（2025年6月施行)。

4　×　両罰規定を設けることができる。

5　×　行政罰は，行政法上の義務違反に対し制裁として科す罰であり，行政刑罰（刑法に定める刑罰を科すもので，刑法総則の適用がある）と秩序罰（刑罰ではなく，刑法総則の適用はない）がある。

行政罰
- 行政刑罰　（例，条例違反に対する拘禁刑等の刑罰）
- 秩 序 罰
  - 法令に基づく過料（例，戸籍法135条の過料）
  - 自治体の条例・規則違反に対する過料

正 解　3

44 正解チェック欄 1回目 □ 2回目 □ 3回目 □

1　×　地方公共団体は，法令に特別の定めがある場合を除くほか，独自に条例違反者に対し刑罰を科することができる（法14条③)。

2　×　条例違反者に対して科し得る刑罰の種類は，行政刑罰としての拘禁刑，罰金，拘留，科料，没収及び秩序罰としての過料である(法14条③)。懲役・禁錮は，拘禁刑に一本化される（2025年6月施行)。

3　×　行政刑罰に関しては，国の裁判所が管轄する。地方公共団体には司法権がない。ただし，秩序罰たる過料については，5の解説のとおり地方公共団体が管轄する。

4　×　行政刑罰たる罰金に関しては，国の裁判所が管轄し，国庫に入る。

5　○　過料は，行政上の秩序違反行為に対する制裁としての秩序罰であり，刑罰ではないので，刑法総則は適用されない。過料は，長が納入の通知をし督促をしてから，地方税の滞納処分の例により強制徴収できる（法231条の3①，③)。

正 解　5

Q 45 ★ 条例と規則の罰則②

条例と規則の罰則に関する次の記述のうち，妥当なものはどれか。

1　条例には，法令の委任がなくても刑罰規定を設けることができるが，規則で刑罰規定を設けるには，条例の委任が必要である。

2　条例違反者に対しては，刑罰及び秩序罰たる過料を設けることができるが，規則違反者に対しては，秩序罰たる過料を設けることができる。

3　条例に違反した者に対する過料は，裁判所が科し，規則に違反した者に対する過料は，地方公共団体の長が科す。

4　刑罰規定を設けることができる条例は，自治事務に関するものに限られる。

5　条例の規定による委任がある場合には，法律の規定による委任がなくても，普通地方公共団体の規則中に刑罰規定を設けることができる。

Q 46 ★★ 規則①

普通地方公共団体の長の定める規則に関する記述として妥当なものは，次のどれか。

1　規則は，憲法に規定されている自主立法権に基づき，普通地方公共団体が定める自主法である。

2　規則は，普通地方公共団体の長により制定され，都道府県知事は総務大臣に，市町村長は知事に，この規則の制定について報告しなければならない。

3　規則は，法定受託事務について制定されるもので，自治事務については，長の権限に属する事項であっても条例で定めなければならない。

4　普通地方公共団体の長が定める規則の公布手続は，法令又は条例に特別の定めがあるときを除き，条例の公布手続を準用する。

5　規則では，その実効性を確保するために，規則に違反した者に対し，行政上の秩序罰として過料を科す旨の規定を設けることはできない。

A 45

正解チェック欄　1回目 □　2回目 □　3回目 □

1　×　条例には，法令の委任がなくても刑罰規定を設けることができる（法14条③）。しかし，規則には，法令に特別の定めがあるものを除くほか，刑罰規定を設けることができない（法15条②）。

2　○　法14条③及び15条②。

3　×　法律に基づく過料については裁判所が科すが，条例，規則に違反した者に対する過料については普通地方公共団体の長が科す（法149条Ⅲ）。

4　×　刑罰規定を設けることができる条例に制限はないので，法定受託事務に関する条例にも，刑罰規定を設けることができる。

5　×　規則中に過料を科する旨の規定を設けることができるが（法15②），過料は刑罰ではない。条例の規定による委任がある場合であっても，規則中に刑罰規定を設けることはできない（行実昭25.7.31）。

正解　2

46

正解チェック欄　1回目 □　2回目 □　3回目 □

1　×　憲法94条は，「地方公共団体は，…法律の範囲内で条例を制定することができる」と規定しており，規則には触れていない。また，規則は長が定める自主法である（法15条①）。

2　×　条例，規則ともに報告義務はない。条例について報告義務があった法252条の17の11は，平成23年5月改正により削除された。

3　×　長の権限に属する事項であれば，法定受託事務，自治事務を問わず，規則を制定することができる。

4　○　法16条⑤。

5　×　規則に違反した者に対し，5万円以下の過料を科する旨の規定を設けることができる（法15条②）。

正解　4

Q 47 ★ 規則②

規則に関する次の記述のうち，正しいものはどれか。

1　地方公共団体の長が規則を制定する場合は，当該団体の議会の承認を経なければならない。

2　規則は，法律の委任に基づく政令のごとき関係に立つものであって，条例の委任を受け又は条例を執行するために定められるものである。

3　公の施設の設置及びその管理に関する事項については，法令に特別の定めがある場合のほかは，条例の専属的所管となっているので，原則として規則で制定し得ない。

4　議会の議決を要すべき事項に属さない事務であれば，長がすべて規則を制定しうる。

5　普通地方公共団体の委員会は，法律の定めるところにより，法令又は条例に違反しない限りにおいて，長が定める規則に制約されることなく，その権限に属する事務に関し，規則その他の規程を定めることができる。

Q 48 ★ 規則③

規則に関する次の記述のうち，正しいものはどれか。

1　規則は，長が，議会や行政委員会の専属的権限に属する事項についても制定できる。

2　規則は，長だけでなく，議会や行政委員会も，その専属的権限に属するものについて制定することができる。

3　規則は，義務を課し，又は権利を制限する事務についても制定することができる。

4　規則は，条例と所管事項を異にするので，競合することはない。

5　規則は，条例を施行するために必要な場合に制定されるものであり，条例に根拠をもたない事務については制定することができない。

 47 正解チェック欄 1回目 2回目 3回目

1　×　規則は，長の権限に属する事務に関して議会の関与なしに長が制定するものである（法15条①）。

2　×　長が定める規則は，条例の委任を受けて定める場合が多いが，議会が定める条例とは別個の独立した法規である。

3　○　義務を課し，権利を制限する事項及び公の施設の設置管理に関する事項は，条例の専管事項とされている（法14条②，244条の2①）。これらの事項については，直接規則で定めることはできない。

4　×　議会の議決を要すべき事項（法96条）については，規則を制定できないことはもちろんであるが，3での説明のとおり，条例の専管事項についても規則を制定できない。

5　×　委員会は，法律の定めるところにより，法令又は普通地方公共団体の条例若しくは規則に違反しない限りにおいて，その権限に属する事務に関し，規則その他の規程を設けることができる（法138条の4②）。

正解　3

 48 正解チェック欄 1回目 2回目 3回目

1　×　長は，議会や行政委員会の専属的権限に属する事項については，規則を制定することはできない。

2　○　議会は，会議規則を設けなければならない（法120条）。また，行政委員会については，例えば，人事委員会は人事委員会規則を制定することができる。

3　×　義務を課し，又は権利を制限する事務については，条例で定める必要があるので（法14条②），規則で定めることはできない。

4　×　条例でも規則でも制定できる，いわゆる競管的事項がある。

5　×　規則は，長が定める自主法であるから，条例による委任規則だけではなく，独自に定めることもできる。

正解　2

Q 49 ★★ 条例と規則の関係①

条例と規則の関係に関する記述として，正しいものは次のどれか。

1　条例は，当該普通地方公共団体の住民に限らず，区域内のすべての者にその効力が及ぶが，規則は，住民に対してのみその効力が及ぶ。

2　条例で住民の権利義務に関する定めを設けるには，法令の委任を要しない。

3　条例は，自治事務及び法定受託事務について制定することができるが，規則は，法定受託事務についてのみ制定することができる。

4　普通地方公共団体の長は，普通地方公共団体の規則中に過料を科す旨の規定を設けることができるので，普通地方公共団体は，その条例中に過料を科する旨の規定を設けることはできない。

5　条例の廃止は，規則で行うことができ，議会の議決を要しない。

Q 50 ★★ 条例と規則の関係②

地方自治体に規定する条例と規則に関する記述として，正しいものは次のどれか。

1　条例は，自治事務について制定することができるが，規則は，法定受託事務について制定することができる。

2　条例と規則は，別個の対象領域を持つ相互並列的な法規であるが，所管事項が競合するときは，条例が規則に優先する。

3　条例，規則を制定改廃したときは，いずれも，市町村にあっては都道府県知事に報告する義務がある。

4　普通地方公共団体の長は，条例の規定による委任があれば，普通地方公共団体の規則に刑罰規定を設けることができる。

5　条例は，議会の議決によるため，公布手続が必要であるが，規則は，普通地方公共団体の長が制定するため，公布手続は不要である。

49 正解チェック欄

1回目 □ 2回目 □ 3回目 □

1 × 条例，規則は，当該地域内の生活関係を規律するものであるから，当該地域内のすべての人に対して効力を有するのが原則である。

2 ○ 条例で住民の権利義務に関する定め（法規たる性質を有するもの）を設けるには法令の委任を要しない（法14条②）。

3 × 条例，規則共に，自治事務及び法定受託事務について制定することができる（法14条①，15条①）。

4 × 長は，規則中に過料を科する旨の規定を設けることができ（法15条②），普通地方公共団体は条例中にも過料を科する旨の規定を設けることができる（法14条③）。

5 × 条例と規則は，別個の独立した地方公共団体の自主法であるから，条例を廃止するには条例によらなければならない。

正解 2

50 正解チェック欄

1回目 □ 2回目 □ 3回目 □

1 × 条例，規則共に地方公共団体の事務（自治事務，法定受託事務の両方）について制定することができる（法14①，15①）。

2 ○ 条例が議会により制定されること及び条例の制定に関する議決に対する長の異議に対して，議会の再議が優先すること（法176条①，②）から，条例が長の制定する規則に優先する。

3 × 条例，規則ともに報告義務はない。条例について報告義務があった法252条の17の11は，平成23年改正により削除された。

4 × 規則には秩序罰たる過料（刑罰ではない）を設けることができるが，法令に特別の定めがない限り，刑罰規定を設けることはできない（法15条②）。

5 × 条例，規則共に，公布手続が必要である（法16条②，⑤）。

正解 2

51 ★ 議会の地位及び権能①

地方公共団体の議会について，正しいものはどれか。

1　普通地方公共団体の議会は，住民の代表機関であり，国会が国権の最高機関であるのと同様に自治体の最高機関である。

2　普通地方公共団体に議決機関として議会を置くべきことは，憲法が直接定めるところであり，議会に代えて町村総会を設けることはできない。

3　議会は，普通地方公共団体の唯一の立法機関である。

4　普通地方公共団体の議会は，審議の徹底を図り，能率的な議事の運営を期するため，常任委員会を設置することができる。

5　普通地方公共団体の議会は，議会の庶務事務を処理し，議会の自主的な活動を確保するため，議会事務局を置かなければならない。

52 ★ 議会の地位及び権能②

普通地方公共団体の議会について，正しいものはどれか。

1　議会は，普通地方公共団体の最高意思決定機関であり，すべての意思決定を行うことができる。

2　普通地方公共団体には，議会を置くこととされているが，町村に限っては，条例で議会を置かず，住民による総会を設けることができる。

3　普通地方公共団体の議会は，議員の調査研究に資するため，図書室を附置し，官報，公報及び刊行物を保管して置かなければならない。

4　普通地方公共団体には，必ず議会を置かなければならないが，特別地方公共団体には，議会を置く必要はない。

5　特別地方公共団体のうち，特別区のみが議会を設置しなければならない。

51　正解チェック欄　1回目　2回目　3回目

1　×　地方公共団体においては首長主義（大統領制）を採用しているので（憲法93条），地方公共団体の議会は国会とは違い，自治体の最高機関ではない。議会と長は対等の関係にある。

2　×　憲法93条１項は，地方公共団体には法律の定めるところにより議会を設置することを定めており，間接民主制を採用している。しかし，小規模な町村において，間接民主制を採用する必要がない場合には，議会を置かず，選挙権者全員で構成する町村総会を条例で設置することを自治法で認めている（法94条）。

3　×　議会は，条例を制定する権限を有するが（法96条①Ⅰ），長も自主法たる規則を制定する権限を有している（法15条①）。議会は単なる立法機関ではなく，「議決機関」として位置づけられている。

4　○　法109条①。

5　×　議会事務局は，都道府県においては必置であるが，市町村においては任意である（法138条①，②）。

正　解　4

A 52　正解チェック欄　1回目　2回目　3回目

1　×　議会は，地方公共団体の最高意思決定機関ではない。議会の権限に属するものについてのみ，意思決定することができる。

2　×　町村に置くことができるのは，「選挙権を有する者の総会」である（法94条）。

3　○　法100条⑲。

4及び5　×　特別地方公共団体のうち，議会を置かなければならないものは，特別区，一部事務組合と広域連合である（法283条①，287条①Ⅴ，291条の４①Ⅶ）。財産区については，必要があると認めるときは，都道府県知事は，条例を設定し，議会を設けることができる（法295条）。

正　解　3

Q 53 ★★ 議員定数

普通地方公共団体の議会の議員定数について，正しいものはどれか。

1　都道府県の議員定数は，条例で定めるが，申請に基づく都道府県合併の場合を除き，特別選挙の場合でなければ，定数の変更を行うことができない。

2　都道府県の議員定数は，法定の上限数の範囲内で条例で定めるが，申請に基づく都道府県合併の場合を除き，一般選挙の場合でなければ，定数の変更を行うことができない。

3　都道府県の議員定数は，条例で定めるが，申請に基づく都道府県合併により著しく人口の増加があった場合は，議員の任期中においても，定数を増加することができる。

4　市町村の議員定数は，法定の上限数の範囲内で，条例で定めるが，廃置分合又は境界変更の場合を除き，一般選挙の場合でなければ，定数の変更を行うことができない。

5　市町村の議員定数は，条例で定めるが，廃置分合又は境界変更により著しく人口の増減があった場合は，一般選挙の場合に限り，定数を増減することができる。

Q 54 ★ 議員の活動①

普通地方公共団体の議会に関して，正しいものはどれか。

1　議会の議員は，議会の許可を得て辞職をすることができるが，閉会中は辞職することはできない。

2　議会の議員は，自己，配偶者及び二親等内の血族が従事する業務に直接の利害関係のある事件については，その議事に参与することはできない。

3　議員は，議会の会期中は逮捕されず，会期前に逮捕された議員は，議会の要求があれば，会期中釈放しなければならない。

4　議員は，議会で行った演説，討論又は表決について議会外で責任を問われることはない。

5　議会の選挙は，単記，無記名によるのが原則であり，たとえ議員に異議がなくても，選挙について指名推選の方法を用いることはできない。

A 53 正解チェック欄 1回目 2回目 3回目

平成23年の地方自治法の改正により，議員定数は次のように変更され，法定の上限数の規制は撤廃された。

① 議員定数は，条例で定める（法90条①，91条①）。

② 議員定数の変更は，申請に基づく都道府県合併又は市町村の廃置分合・境界変更の場合を除き，一般選挙の場合に限る（法90条②，③，91条②，③）。

1 × 都道府県の議員定数の変更は，申請に基づく都道府県合併の場合を除き，一般選挙の場合に限る（法90条②，③）。

2 × 都道府県の議員定数は，条例で定める（法90条①）。

3 ○ 法90条①，③。

4 × 市町村の議員定数は，条例で定める（法91条①）。

5 × 市町村の議員定数は，廃置分合又は境界変更により著しく人口の増減があった場合は，議員の任期中においても，議員定数を増減することができる（法91条③）。

正 解 3

A 54 正解チェック欄 1回目 2回目 3回目

1 × 議員は，開会中は議会の許可を得て，閉会中は議長の許可を得て，辞職することができる（法126条）。

2 ○ この場合を議員の除斥という（法117条）。議員が議題となっている事件と密接な関係にあるときは，議事に参加することが審議の公正と信用から見て適当でないからである。

3及び4 × 国会議員には，不逮捕特権（憲法50条），免責特権（憲法51条）が与えられているが，地方公共団体の議員には，これらの特権は与えられていない。

5 × 選挙は，単記，無記名の投票により比較多数を得たものを当選者とすることが原則である（法118条①）。例外として，議員中に異議がないときは，指名推選の方法を用いることができる（法118条②）。

正 解 2

Q55 ★ 議員の活動②

普通地方公共団体の議会の議員の辞職及び資格の決定に関して，正しいものはどれか。

1　議員は，議会の許可を得て辞職することができる。ただし，議会休会中においては，議長の許可を得て辞職することができる。

2　議員が，議会又は議長に辞職届を提出した後は，撤回することができない。

3　議長及び副議長は，議会の許可を得て辞職することができる。ただし，副議長は，議会閉会中においては，議長の許可を得て辞職することができる。

4　議員は，被選挙権を有しなくなったときは，失職する。その被選挙権の有無は，選挙管理委員会が決定する。

5　議員は，兼業が禁止されている取締役等に就任したときは，失職する。その兼業禁止に該当するか否かは，議会が議員定数の３分の２以上の多数により決定する。

Q56 ★ 議長・副議長の地位①

普通地方公共団体の議会の議長又は副議長に関する記述として，正しいものはどれか。

1　議会は，議員の中から議長及び当該議会の会議規則で定める定数の副議長を選挙しなければならない。

2　議長の選挙事由は，議長が欠けてはじめて生ずるものであるが，欠員が生じない以前に行われた議長の選挙は適法である。

3　議長が病気のため，その職務を遂行できないときは，仮議長を選挙し，議長の職務を行わせなければならない。

4　議長及び副議長がともに欠けたときは，当該議会は出席議員中の年長の者を仮議長とし，議長の職務を行わせる。

5　議長及び副議長がともに事故があるときは，当該議会は仮議長を選挙し，議長の職務を行わせるが，議会は，仮議長の選任を議長に委任することができる。

55 正解チェック欄

1回目 □ 2回目 □ 3回目 □

1　×　議会の休会とは，会期中に活動を休止することである。閉会中ではないので，議員は，議会の許可を得て辞職することになる（法126条本文）。

2　×　議会又は議長の許可があるまでは，有効に撤回することができる（地裁判昭24.6.20）。

3　○　法108条。

4及び5　×　議員は，被選挙権を有しない者であるとき，又は兼業禁止の規定（法92の２）に該当するときは，失職する。被選挙権の有無，兼業禁止に該当するか否かは，議会が出席議員の３分の２以上の多数により決定する（法127①）。

正 解　3

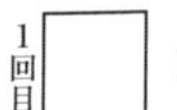

56 正解チェック欄

1回目 □ 2回目 □ 3回目 □

1　×　議会は，議員の中から議長及び副議長１人を選挙しなければならない（103条①）。副議長の定数を当該議会の会議規則で定めることはできない。

2　×　前段は正しい。しかし，欠員が生じない以前に行われた議長の選挙は，選挙事由がないものとして違法である（行実昭33.8.23）。

3　×　議長が病気のため，その職務を遂行できないときは，「事故があるとき」に当たり，副議長が議長の職務を代行することになる（法106条①，行実昭39.9.18）。

4　×　議長及び副議長がともに欠けたときは，出席議員中の年長議員が臨時議長となり議長を選挙し（法107条），その後，副議長を選挙することになる（行実昭28.11.9）。

5　○　法106条②，③。

正 解　5

Q 57 ★ 議長・副議長の地位②

普通地方公共団体の議会の議長又は副議長に関する記述として，正しいものはどれか。

1　議会は，議員の中から議長及び副議長を１人選挙しなければならないが，議長が必要があると認めるときは，副議長を増加することができる。
2　副議長が議長の職務を行うのは，議長に事故があるとき又は議長が欠けたときに限る。
3　議長の任期は当該地方公共団体の条例で定めるところにより，副議長の任期は当該議会の会議規則で定めるところによる。
4　議長及び副議長は，常任委員会の委員となることができない。
5　議長及び副議長を選挙する場合において，議長の職務を行う者がいないときは，出席議員中，年長の議員が議長の職務を行うが，これを仮議長という。

Q 58 ★★ 議長の権限①

普通地方公共団体の議会の議長について，正しいものはどれか。

1　議長は，議場の秩序を維持するため，議員に対して発言を禁止することはできるが，議場外に退去させることはできない。
2　議長は，議場が騒然として整理することが困難な場合は，議員中に異議がある者がいても，職権で会議を閉じることができる。
3　議長は，議会事務局の書記長，書記その他の職員を任免するが，事務局長については，地方公共団体の長が任免する。
4　議会又は議長の処分又は裁決に係る普通地方公共団体を被告とする訴訟については，当該普通地方公共団体の長が当該普通地方公共団体を代表する。
5　議長は，対外的な行為に対して議会を代表するが，法上の行為については議長名を使うことができない。

 57 正解チェック欄 1回目 2回目 3回目

1　×　議会は，議員の中から議長及び副議長を1人選挙しなければならない（法103条①）。副議長を増加することはできない。

2　○　法106条①。

3　×　議長及び副議長の任期は，議員の任期によるので（法103条②），4年と法定されている。従って，条例又は会議規則で定めることはできない。しかし，現実には，議会の内部で，1年又は2年の持ち回りを決めているところが多い。

4　×　常任委員会の委員の選任その他委員会に関し必要な事項は，条例で定めることになるが（法109条⑨），地方自治法上，議長及び副議長が常任委員会の委員になれないという制約はない。

5　×　仮議長ではなく，臨時議長の説明である（法107条）。

正解　2

 58  1回目 2回目 3回目

1　×　議長は，議場外に退去させることもできる（法129条①）。

2　○　最判昭33.2.4（法114条②，129条②参照）。

3　×　事務局長も，議長が任免する（法138条⑤）。

4　×　議会又は議長の処分又は裁決に係る普通地方公共団体を被告とする訴訟については，議長が当該普通地方公共団体を代表する（法105条の2）。

5　×　意見書の提出，証人の喚問，請願の受理等，対外的な行為については，法律上の行為と事実上の行為とを問わず，すべて議長名で行われる。

正解　2

Q 59 ★★ 議長の権限②

普通地方公共団体の議会の議長について，正しいものはどれか。

1　議長は，委員会に出席し，議事の内容に立ち入って質疑をすることはできるが，意見を陳述することはできない。
2　議長は，会議の傍聴に関し，必要な規則を定めなければならない。
3　議長は，裁決権のみ有し，表決権は有しないので，特別多数議決の定めのある事件についても，議員として議決に加わる権利を有しない。
4　議長が議会から不信任議決を受けたときは，当然にその職務を辞めなければならない。
5　議長は，議会の許可を得て辞職することができるが，議会の閉会中においては，副議長の許可を得る必要がある。

Q 60 ★ 議員の兼職の禁止

普通地方公共団体の議会の議員の兼職の禁止について，正しいものはどれか。

1　議員は，当該普通地方公共団体の常勤の職員と兼ねることができないが，短時間勤務の職を占める職員と兼ねることはできる。
2　議員は，国会議員と兼ねることができる。
3　議員は，他の普通地方公共団体の議会の議員と兼ねることができる。
4　議員は，一部事務組合の議会の議員と兼ねることができる。
5　議員は，地方公共団体の選挙管理委員と兼ねることができる。

 59 正解チェック欄 1回目 2回目 3回目

1　×　議長は，委員会に出席し，自由に発言できる（法105条）。発言事項については何ら制限がないので，議事の内容に立ち入って質疑し，意見を陳述することもできる（行実昭27.6.21）。

2　○　法130条③。

3　×　議会の議事は，原則として，出席議員の過半数で決するが，可否同数のときは議長が決する（裁決権，法116条①）。この場合，議長は表決権を有しない。しかし，特別多数決については，議長も表決権を行使することができる（行実昭26.5.2）。

4　×　長の不信任議決（法178条）の場合と違い，議長が議会から不信任議決を受けたときの規定はないので，議長は失職するわけではない。

5　×　議長は，議会の許可を得て辞職することができる（法108条）。しかし，副議長の場合（同条但書）と異なり，規定がないので，閉会中は辞職することができない。

正解　2

 60 正解チェック欄 1回目 2回目 3回目

地方公共団体の議員は，住民の直接選挙によって選ばれる非常勤の特別職公務員である（地公法３条③Ⅰ）。議会の議員の職務の性質に基づいて，一定の公職と兼ねることが禁止されている（兼職禁止）。

1　×　議決機関と執行機関を分離させるため，議員は，当該普通地方公共団体の常勤の職員及び短時間勤務職員と兼ねることはできない（法92条②）。

2　×　議員は，国会議員と兼ねることはできない（法92条①）。

3　×　議員は，他の普通地方公共団体の議員と兼ねることはできない（法92条②）。

4　○　法287条②。

5　×　議員は，地方公共団体の選挙管理委員と兼ねることはできない（法182条⑦）。

正解　4

Q 61 ★ 議員の兼業の禁止

普通地方公共団体の議会の議員の兼業の禁止について，正しいものはどれか。

1　普通地方公共団体の事務の客観的な公平さを担保するため，個人による請負は金額の多寡にかかわらず禁止されている。

2　普通地方公共団体の議会の議員は，公正にその職務を執行することが要請されているので，あらゆる法人の役員と兼ねることができない。

3　普通地方公共団体の議会の議員は，当該普通地方公共団体に対し請負をする者及びその支配人となることはできないが，主として同一の行為をする法人の無限責任社員となることはできる。

4　普通地方公共団体の議会の議員が当該地方公共団体と請負契約を結んだときは，当然にその契約は無効となる。

5　普通地方公共団体の議会の議員が兼業禁止に該当するかどうかの決定は，議会が行う。

Q 62 ★★ 議決権①

普通地方公共団体の議会の議決に関する記述として妥当なものは，次のどれか。

1　議決には，普通地方公共団体としての意思を決定するもののほか，普通地方公共団体の機関としての議会の意思を決定するものがある。

2　議決事項については，特に法律に定めはなく，議会は，普通地方公共団体に関する一切の事項について議決することができる。

3　条例の制定改廃の議決は，普通地方公共団体の機関としての議会の意思を決定するものであり，総議員の過半数の議決による。

4　議会は，議長及び副議長の選挙を行う権限を有し，その選挙の方法は，指名推選の方法を用いることはできず単記無記名投票によることと定められている。

5　議決は，議会の内部的な意思決定にとどまるものではなく，長の表示の有無にかかわらず，議決と同時に対外的効力が発生する。

 61 正解チェック欄

1回目 2回目 3回目

1　×　議会の適正な運営を確保する観点から，政令で定める額（年間300万円）の範囲内で個人による普通地方公共団体に対する請負が可能となった（法92条の２，令和5.3.1施行）。

2　×　兼業禁止は，すべての法人の役員となることを禁止しているわけではなく，主として当該普通地方公共団体と請負をする法人の役員となることを禁止している（法92条の２）。このような場合には，議員の個人的活動と普通地方公共団体の運営との間の利害が相反するからである。

3　×　無限責任社員となることはできない（法92条の２）。

4　×　請負禁止の規定に該当し，議員が失職したとしても（法127条①），請負契約の効力にはなんら影響を受けない。

5　○　法127条①。この場合には，出席議員の３分の２以上の多数により決定しなければならない。

正 解　5

A 62 正解チェック欄

1回目 2回目 3回目 

1　○　議決には，議長の選挙，議員の懲罰に関する議決など「地方公共団体の機関としての議会の意思」を決定する議決もある。

2　×　大統領制（首長制）を採用していることにより長にも権限があるので（法149条），議決権は，地方公共団体に関する一切の事務に及ぶのではなく，法96条に規定された議決事件に限られる。

3　×　条例の制定改廃の議決は，「地方公共団体の意思」を決定する議決である（法96条①Ⅰ）。また，その議決は，「総議員」ではなく，「出席議員」の過半数による（法116条①）。

4　×　議会は，議長及び副議長の選挙を行うが（法103条①），議員中に異議がないときは，指名推選の方法を用いることができる（法118条②）。

5　×　「地方公共団体としての意思」を決定する議決は，議決があっても議会の内部的な意思決定にとどまり，長の表示により対外的な効力が生じる。

正 解　1

Q 63 ★★ 議決権②

普通地方公共団体の議会の議決に関する記述として妥当なものは，次のどれか。

1　議会に対する議案提出権は，議会の議決すべき事件ごとに議員又は長のいずれかに専属し，両者に属することはない。

2　普通財産を適正な対価なくして譲渡する場合，譲与条例を設けてこれを無償譲渡することとしたときは，処分に当たっては，更に議会の議決が必要である。

3　議会の議決を受けなければならないとされているにもかかわらず議決を経ていない長の行為については，議会はこの行為を取り消すことができる。

4　議会の議決を経た事項を変更する場合は，すべて議会による変更の議決を経なければならず，いかなる場合にも長が専決処分することは許されない。

5　議会の議決は，普通地方公共団体が民事上，行政上の訴訟を提起する場合には必要であるが，被告となって応訴する場合には必要ではない。

Q 64 ★★ 議決権③

普通地方公共団体の議会の権限に係る記述で妥当なものはどれか。

1　議会は，地方自治法に列挙された事項に限り議決する権限を有するが，条例により法定受託事務に係る事項を含めて議決すべき事項を増加することができる。

2　議会は，契約の締結を議決する権限を有するが，議決対象となる契約の予定価格の下限は，都道府県，指定都市，指定都市を除く市，町村の段階ごとに異なる。

3　議会は，普通地方公共団体の義務に属する損害賠償の額を議決により決定する権限を有するが，これには普通地方公共団体が民法上の損害賠償責任を負う場合は含まれない。

4　普通地方公共団体の区域内の公共的団体等の活動の総合調整に関することは，当該普通地方公共団体の長の権限に属するものであり，議会の議決事件に含まれない。

5　議会は，長の予算の提出権を侵さない限度で予算を減額する権限を有するが，増額修正については制限されていない。

63 正解チェック欄

1回目 2回目 3回目

1 × 「議会としての機関意思の決定」は，議員に専属し，「長の事務執行の前提要件」は，長に専属する。しかし，「団体意思の決定」は，原則として議員及び長の双方に属する。

2 × 条例を設けて無償譲渡することとしたときは，処分に当たって更に議会の議決を要しない（法96条①Ⅵ，行実昭38.12.23）。

3 × 議決を要する事項について議会の議決を経ずに長が事務執行をした場合，その行為は無効であり，取り消すまでもなく，効力を生じない。

4 × 議会の議決を経た事項を変更する場合は，議会による変更の議決を経ることが原則であるが，軽易な事項については，法180条１項により，長は専決処分することができる。

5 ○ 議会の議決を要するのは「訴えの提起」であり（法96条①Ⅻ），被告となって応訴する場合は議会の議決を要しない。

正解　5

64 正解チェック欄

1回目 2回目 3回目

1 × 議会の議決すべき事項については，制限列挙主義がとられているが（法96条①），法定受託事務に関する事件の一部を除き，議決事件を追加することを認めている（同条②）。

2 ○ 法96条１項５号，令121条の２により，地方公共団体ごとに，予定価格の最低基準が異なっている。

3 × 議会は，地方公共団体の義務に属する損害賠償の額を議決により決定する権限を有し（法96条①ⅩⅢ），これには国家賠償法の損害賠償責任に限らず，民法上の損害賠償責任を負う場合も含まれる。

4 × 「区域内の公共的団体等の活動の総合調整」における個々具体的な調整は長の権限である（法157条参照）が，その基準となるべき方針等について議会の議決を経るべきことが規定されている（法96条①ⅩⅣ）。

5 × 長の予算の提出の権限を侵さない範囲内で増額修正することができる（法97条②）。減額修正については，制限がない。

正解　2

Q 65 ★★ 議決権④

普通地方公共団体の議会の議決に係る記述で妥当なものはどれか。

1　条例で定める重要な公の施設を長期・独占的に特定人に利用させる場合は，原則として議会の議決を要するが，その利用が特に公共の福祉に寄与すると認めるときは，長が許可することができる。

2　指定した用途に供しないときは贈与された金額を返還するとの条件が付されていなくても，用途を指定した金銭の贈与は，負担付き贈与にあたるので，議会の議決が必要である。

3　議会の議決を経た契約の変更については，すべて議会の議決を経なければならないので，議決を経た請負金額の減額変更の結果，条例に規定する金額に達しなくなったときでも，議決が必要である。

4　法律上普通地方公共団体の義務に属する損害賠償の額を定める場合は，議会の議決は必要だが，確定判決により当該団体に損害賠償義務が発生しその金額が明らかなときは，議会の議決は必要がない。

5　普通地方公共団体が権利の放棄をするときは，法令又は条例に特別の定めがある場合を除き，必ず議会の議決が必要であり，長の専決処分により権利の放棄をすることはできない。

Q 66 ★ 検査権

普通地方公共団体の議会の検査権に関する記述として妥当なものは，次のどれか。

1　検査権は，当該普通地方公共団体の事務の管理，議決の執行，出納を検査する権限であり，その権限は監査委員に議会代表を送ることによって行使される。

2　議会は，当該普通地方公共団体の自治事務のうち，労働委員会，収用委員会及び公安委員会の権限に属する事務の管理を検査することができない。

3　議会は，検査の結果により違法又は不当な事実が判明したときは，その是正を命ずることができる。

4　議会は，長その他の執行機関の報告を請求して議決の執行を検査することができるが，実地に検査を行うことはできない。

5　議会は，関係人の出頭を求めて出納を検査することができる。

A 65 正解チェック欄

1回目 2回目 3回目

1　×　例外的に長が許可することはできない（法96条①Ⅺ）。

2　×　法96条①Ⅸ。「負担付きの贈与」とは，贈与契約に付された条件に基づいて，地方公共団体が法的な義務を負い，その義務不履行の場合には，その贈与契約が解除されるようなものをいい，単に用途を指定しているだけの贈与は含まれない（行実昭25.5.31）。

3　×　議決を経た請負金額の減額変更の結果，条例に規定する金額に達しなくなったときは，議決を要しない（行実昭37.9.10。法96条①Ⅴ参照）。

4　○　法96条①ⅩⅢ，行実昭36.11.27。

5　×　法96条①Ⅹ。法180条の規定を根拠にして条例で金額の限度を定め，長限りで権利の放棄ができる（通知昭38.12.19）。

正解　4

A 66 正解チェック欄

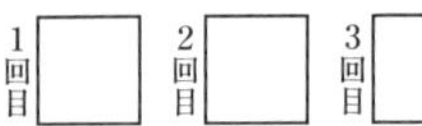

1　×　議会の検査権は，当該普通地方公共団体の事務の管理，議決の執行，出納を検査する権限である（法98条①）。検査の方法には，次の２つがあり，議会が自ら行使する。

①　事務に関する書類及び計算書の検閲

②　長その他の執行機関の報告の請求

2　×　自治事務のうち検査することができないのは，労働委員会及び収用委員会の権限に属する事務で，政令で定めるものについてである（法98条①）。

3　×　違法又は不当な事実が判明しても，議会は是正を命ずる権限はない。

4　○　検査権は，書面審査を限度とする。実地に検査をする必要がある場合は，法98条②により，監査委員に行わせることになる（行実昭28.4.1）。

5　×　法100条の調査権とは異なり，関係人の出頭を求めることはできない。

正解　4

Q 67 ★ 監査請求権

普通地方公共団体の議会の監査請求権に関する記述として妥当なものは，次のどれか。

1　監査請求権の範囲は，当該普通地方公共団体の自治事務，法定受託事務を問わず，すべてに及ぶ。
2　監査請求権の範囲は，当該普通地方公共団体の自治事務の範囲に限られ，法定受託事務については，監査請求することはできない。
3　議会は，監査委員に対し，監査を求めることができるが，監査委員は，専ら書面調査に限られ，実地に調査を行うことができない。
4　議会は，監査委員に対し，監査を求めることができるが，監査委員は，関係人の出頭を求めることができない。
5　監査請求権は，議員に対して認められたものではなく，議会の権限として認められたものであるから，行使するためには，議会の議決を要する。

Q 68 ★ 意見表明権①

普通地方公共団体の議会の意見書の提出に関する記述として妥当なものは，次のどれか。

1　意見書の提出先は，関係国家機関に限られているため，他の普通地方公共団体の機関に提出することはできない。
2　意見書の提出先は，地方自治関係の行政庁に限られているため，総務大臣以外の国務大臣に提出することはできない。
3　意見書の提出先は，国会又は関係行政庁に限られているため，裁判所に提出することはできない。
4　意見書は，当該普通地方公共団体の意思を表明するものであるため，原案の発案権は議員及び長の双方にある。
5　意見書を提出された機関は，これを受理する義務はないが受理した場合には意見書に対して回答しなければならない。

A 67 正解チェック欄 1回目 2回目 3回目

議会は，監査委員に対し，当該普通地方公共団体の事務（政令で定めるものを除く）に関する監査を求め，監査の結果に関する報告を請求することができる（法98条②）。

1及び2　×　監査請求権の範囲は，当該普通地方公共団体の事務の全般に及ぶ。しかし，自治事務にあっては労働委員会及び収用委員会の権限に属する事務で政令で定めるものを除き，法定受託事務にあっては国の安全を害するおそれがあることその他の事由により監査の対象とすることが適当でないものとして政令で定めるものを除いている。この範囲については，検査権，調査権も同様である。

3及び4　×　監査委員は，関係人の出頭を求めるなど実地に調査を行うことができる（法199条⑧）。

5　○　そのとおりである（法96条①XV）。

正解　5

A 68 正解チェック欄 1回目 2回目 3回目

1及び2　×　普通地方公共団体の議会は，当該地方公共団体の事務について議決権を有するが，それ以外の事務については本来関与できない。しかし，当該普通地方公共団体の事務に属さない事務であっても，それが当該普通地方公共団体の公益に関する事件については，議会は意見書を国会又は関係行政庁に提出することができる（法99条）。

3　○　意見書は，関係行政庁のほか，国会に対しても提出できる。しかし，裁判所は，行政庁ではないので，意見書を提出することはできない。

4　×　意見書については，地方公共団体の意思ではなく，「機関としての議会の意思」である。従って，議員のみが発案権を有する。

5　×　意見書が提出された場合，国会又は関係行政庁は，これを受理する義務があり，誠実に処理しなければならない。しかし，これによって法的な効果が生じるわけではない。

正解　3

Q 69 ★ 意見表明権②

普通地方公共団体の議会の意見書の提出に関する記述として妥当なものは，次のどれか。

1　議会は，当該普通地方公共団体の公益に関する事件につき，意見書を国会に提出することはできない。
2　議会は，当該普通地方公共団体の事務に関するものであれば，公益の有無にかかわりなく意見書を関係行政庁に提出することができる。
3　議会は，法定受託事務については，意見書を関係行政庁に提出できない。
4　議会の議決に基づき，意見書を外部に提出する場合は，議長名を用いる。
5　議会の意見書については，意見書の提出を受けた関係行政庁は受理するかどうかの選択権を有すると規定されている。

Q 70 ★★ 調査権①

地方自治法100条に規定する普通地方公共団体の議会の調査権についての記述として，妥当なのはどれか。

1　普通地方公共団体の議会は，当該普通地方公共団体の事務であれば，自治事務，法定受託事務のいずれかにかかわらず，全ての事務について調査を行うことができる。
2　普通地方公共団体の議会は，議案の審査又は当該普通地方公共団体の事務に関する調査のために必要な専門的事項に係る調査を学識経験を有する者等にさせることができる。
3　普通地方公共団体の長は，当該普通地方公共団体の議会から調査のために要する経費に充てるための補正予算案の提出を求められた場合，当該補正予算案を当該普通地方公共団体の議会に提出する法律上の義務を負う。
4　普通地方公共団体は，条例の定めるところにより，その議会の議員の調査研究に資するため必要な経費の一部として，政務活動費を交付することができるが，調査研究以外の活動に資するために必要な経費に充てることはできない。
5　普通地方公共団体の議会は，当該普通地方公共団体の事務に関する調査を行うに当たって，実地調査を行う場合には，当該普通地方公共団体の監査委員に行わせなければならない。

69 正解チェック欄 1回目 2回目 3回目

1　×　国会に対しても提出できる（法99条）。
2　×　公益に関する事件に限る（法99条）。
3　×　公益に関する事件であれば，自治事務，法定受託事務を問わない。
4　○　意見書は，議会の機関意思を表明するものであるから，議長の名で国会又は関係行政庁に提出する（行実昭25.7.20）。
5　×　意見書が提出された場合，国会又は関係行政庁は，これを受理する義務がある。

正解　4

70 正解チェック欄 1回目 2回目 3回目

1　×　調査権の対象となる事項は，「当該普通地方公共団体の事務」であるが，検査権，監査請求権と同様，議会の権限の及ばない事務がある（法100条①）。
2　○　法100条の２。
3　×　長は，補正予算案を議会に提出できるが（法218条①），法律上の義務を負うわけではない（行実昭34.6.23）。
4　×　平成24年公布の自治法改正により，政務調査費の名称を「政務活動費」に，交付の目的を「議員の調査研究その他の活動に資するため」に改めた（法100条⑭）。それまでは禁止していた酒食を伴う会合の経費にも支出できるとした自治体もある。
5　×　調査の方法は，議会自らが行うことが原則であり，専門的事項に係る調査を学識経験者にさせることは例外的扱いになっている（法100条の２）。従って，実地調査を監査委員に行わせることはできない。

正解　2

Q71 ★★ 調査権②

地方自治法100条に定める普通地方公共団体の議会の調査権に関する記述として妥当なものは，次のどれか。

1　この調査権は，議会に対して認められたものであるので，常任委員会又は特別委員会に対し一般的に委任することができる。
2　この調査権は，議会に対して認められたものであるが，議会が議決により，議長に委任することができる。
3　議会は，調査権の行使に当たり，公益上重大な意義をもつと認める場合は，公務員に対して，当該官公署の承認を得ずに職務上の秘密に関する証言を請求することができる。
4　議会は，調査権の行使に当たり，予算の定額の範囲内において，調査に要する経費の額をあらかじめ定めなければならないが，その経費の額を超えて支出を必要とするときは，改めて議決することなく支出することができる。
5　議会は，調査権の行使に当たり，宣誓した選挙人が虚偽の陳述をした場合は，調査終了の議決前にこれを自白したときは告発しないことができる。

Q72 ★★ 調査権③

地方自治法100条に定める普通地方公共団体の議会の調査権に関する記述として妥当なものは，次のどれか。

1　議会は，当該普通地方公共団体の事務について，範囲を定めることなく，一般的包括的に調査する議決を行うことができる。
2　議会は，議案の審査又は調査のため必要があると認めるときは，議員を派遣することができる。
3　議会は，公務員に対して職務上の秘密に属する事実に関する証言を求める場合には，当該官公署の承認の有無にかかわらずこれを行うことができる。
4　議会は，選挙人その他の関係人が証言に当たり虚偽の陳述を行った場合，長に対して告発を請求しなければならない。
5　議会は，当該地方公共団体の執行機関に対して記録の送付を求めることができるが，当該地方公共団体の区域内の公共的団体に対しては，これを求めることができない。

 71 正解チェック欄 1回目 2回目 3回目

1及び2　×　議会の調査権は議会固有のものであるから，委員会に一般的に権限を委任することはできない。また，議長に委任することもできない。ただし，議会の議決により，特定事件を指定して，常任委員会又は特別委員会に委任することができる。

3　×　当該官公署の承認がなければ証言を請求することができない（法100条④）。

4　×　前段は正しい（法100条⑪）。しかし，その経費の額を超えて支出を必要とするときは，改めて議決する必要がある。

5　○　法100条⑨。

正解　5

 72 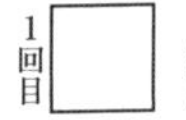 1回目 2回目 3回目

1　×　当該普通地方公共団体の事務のうち，いかなる範囲のものについて調査権を行使すべきか議決するべきである（行実昭29.9.15）。

2　○　法100条⑬。

3　×　公務員に対して職務上の秘密に属する事実に関する証言を求める場合には，当該官公署の承認を得なければならない（法100条④）。

4　×　選挙人その他の関係人が証言に当たり虚偽の陳述を行った場合には，議会が自ら告発しなければならない（法100条⑦，⑨）。この場合は，議長名で告発することになる。

5　×　当該地方公共団体の区域内の団体に対し照会をし又は記録の送付を求めたときは，当該団体は，その求めに応じなければならない（法100条⑩）。

正解　2

Q 73 ★★ 調査権④

地方自治法100条に定める普通地方公共団体の議会の調査権に関する記述として妥当なものは，次のどれか。

1　この調査権は，当該地方公共団体の事務に関する調査を行うために常任委員会に与えられた権限であるから，常任委員会はその部門に属する事務については，自ら調査を行うことができる。

2　議会はこの調査権により，当該地方公共団体の事務について，現に議題として審議されている事項に限らず，世論の焦点となっている事件の実情を究明するために必要な調査を行うこともできる。

3　議会は，当該普通地方公共団体の事務に関する調査を行うためであれば，特に必要と認める場合でなくても，選挙人その他の関係人に対して出頭，証言及び記録の提出を請求することができる。

4　議会は，条例の定めるところにより，議案の審査又は議会の運営に関し協議又は調整を行うための場を設けることができる。

5　議会は，議案の審査又は当該普通地方公共団体の事務の調査のために必要な専門的事項に関する調査を学識経験者に行わせることができるが，複数の学識経験者に合同で調査，報告を行わせることはできない。

Q 74 ★ 請願①

普通地方公共団体の議会に対する請願に関する次の記述のうち，妥当なものはどれか。

1　請願することができる者は，自然人でも法人でも良いが，当該地方公共団体の区域内に住所を有している者に限る。

2　請願することができる事項には特に制限がなく，当該地方公共団体の事務と全く関係がない事項についても許される。

3　請願は議会の開会中に請願書を提出するものであり，議会の閉会中は許されない。

4　議会に請願しようとする者は，２名以上の議員の紹介により，請願書を提出しなければならない。

5　請願は議会に議決を求めるものであり，陳情は単に議会に要望するものである。

 73 正解チェック欄 1回目 2回目 3回目

1　×　100条調査権は議会に与えられた権限である。なお，常任委員会に与えられた一般調査権は，100条の調査権と異なり，強制力を伴わず，外部の関係人に直接証言等を求め得ない（法109条②）。

2　○　調査権は，当該地方公共団体の事務である限り，現に議題となっている事項（議案調査）に限らず，政治調査等にも及ぶ（行実昭23.10.12）。

3　×　平成24年公布の自治法改正により，選挙人その他の関係人の出頭等を請求できる場合を，「特に必要があると認めるとき」に限るものとした（法100条①）。

4　×　条例によらず，会議規則の定めるところにより，協議調整の場を設けることができる（法100条⑫）。

5　×　複数の学識経験を有する者等に合同で調査・報告を行わせることもできる（法100条の２，平18.6.7通知）。

正解　2

 正解チェック欄 1回目 2回目 3回目

1　×　請願は，「何人も」することができる（憲法16条）。自然人でも法人でも良い（行実昭25.3.16）。当該地方公共団体の区域内に住所を有している者に限らない。国籍も問わない。選挙権の有無も問わない。

2　○　請願事項は，憲法上，地方自治法上制限がない（行実昭26.10.8）。

3　×　請願は，議会の開会中も閉会中も議長が受理する。

4　×　議会に請願しようとする者は，議員の紹介によることが必要であるが（法124条），議員は１人でも良い。

5　×　請願は議員の紹介によるものであり（法124条），陳情は議員の紹介がないものをいう。内容的には差異がないので，議会は，陳情も，請願の例により処理することとしているのが通例である。

正解　2

Q75 ★ 請願②

普通地方公共団体の議会に対する請願に関する次の記述のうち，妥当なものはどれか。

1　議会は，請願としての形式が整っていても，議長において受理を拒否することができる。

2　議会閉会中に所定の要件を備えた請願が提出され，議長がこれを受理したが，議会に付議する前に辞職によって当該請願に係る紹介議員がすべてなくなった場合であっても，新たに紹介議員を付する必要はない。

3　市町村立学校長は，個人の資格においても当該普通地方公共団体の議会に請願することはできない。

4　議会は，採択した請願で当該普通地方公共団体の長その他の執行機関において措置することが適当と認めるものを，これらの者に送付し，その処理経過及び結果の報告を請求することができる。

5　２人以上の紹介議員による請願書が普通地方公共団体の議会で受理された後，その中の一部議員が紹介を取り消す場合には，当該普通地方公共団体の議会の同意を必要としない。

Q76 ★ 議会の招集①

普通地方公共団体の議会の招集についての記述として，妥当なのはどれか。

1　定例会は，条例の定めるところにより長が招集するが，臨時会は議員の請求に基づいて議長が招集する。

2　議会の招集に当たっては，付議すべき事件の告示をしなければならない。

3　普通地方公共団体の議会の議員定数の４分の１以上の者が，当該普通地方公共団体の長に対して臨時会の招集を請求するときは，議会運営委員会の議決を経なければならない。

4　議長による臨時会の招集請求のあった日から20日以内に普通地方公共団体の長が臨時会を招集しないときは，議長は臨時会を招集することができる。

5　招集は，開会の日前，都道府県及び市にあっては７日，町村にあっては３日までにこれを告示しなければならず，告示後災害等が生じても開会の日を変更することはできない。

A 75 正解チェック欄 1回目 2回目 3回目

1　×　請願としての形式，手続きが整っている限り，議長は受理しなければならない。

2　×　新たな紹介議員を付することとすべきである（行実昭49.4.2）。

3　×　学校長はその地位にかんがみて，当該地方公共団体の議会に請願することはできない。しかし，これらの者も，個人の資格において請願することは可能である（行実昭33.5.7）。

4　○　法125条。

5　×　紹介を取り消す場合は，議会の同意が必要である（行実昭42.7.26）。

正解　4

A 76 正解チェック欄 1回目 2回目 3回目

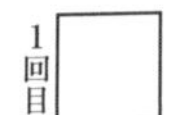

1　×　定例会及び臨時会の双方とも，議会の招集については，原則として長の権限である（法101条①）。

2　×　付議すべき事件を告示しなければならないのは，臨時会の場合のみである（法102条④，⑤）。臨時会は，必要がある場合において，その事件に限り，審議するのが原則であるからである（同条③）。

3　×　議会運営委員会の議決を経なければならないのは，議長が臨時会の請求をするときである（法101条②）。

4　○　法101条５項。鹿児島県阿久根市長が議長からの請求があったにもかかわらず，臨時会を招集しなかったことを契機として，平成24年の自治法改正で追加された項目である。

5　×　前段の告示日に関する記述は正しい（法101条⑦）。しかし，告示後に当該招集に係る開会の日に会議を開くことが災害等の事由により困難であると認めるときは，当該告示をした者はその開会の日を変更することができる（同条⑧，令4.12.16施行）。

正解　4

Q 77 ★ 議会の招集②

普通地方公共団体の議会の招集及び会期について，正しいものはどれか。ただし，毎年，条例で定める日から翌年の当該日の前日までを会期とする，いわゆる通年議会に関するものを除く。

1　議会は普通地方公共団体の長がこれを招集する。この権限は長の身分に専属するものであり，長の職務代理者はこの権限を有しない。
2　議会の招集は，開会の日前，都道府県・政令指定都市では7日，その他の市と町村では3日までに告示しなければならない。ただし，緊急を要する場合は，告示に代えて各議員への通知によることができる。
3　定例会は，条例で定める回数，時期に招集することを要する。ただし，付議すべき事件がないときは，招集することを要しない。
4　臨時会は，必要がある場合に，その事件に限り招集する。臨時会に付議すべき事件は，長があらかじめこれを告示する。臨時会の開会中に緊急を要する事件があっても，告示した事件以外は，付議することができない。
5　議会の会期及びその延長並びにその開閉に関する事項は，議会がこれを定める。

Q 78 ★★ 定例会と臨時会

普通地方公共団体の議会の会議に関する記述のうち，正しいものはどれか。ただし，毎年，条例で定める日から翌年の当該日の前日までを会期とする，いわゆる通年議会に関するものを除く。

1　議会の会議には，定例的に招集される定例会，必要に応じ招集される臨時会，選挙後初めて招集される特別会の3種類がある。
2　定例会は，会議に付議すべき事件がない場合でも普通地方公共団体の長が招集するが，臨時会は議員の請求に基づいて議長が招集する。
3　定例会の会期は法定されているが，定例会以外の議会の会期及び会期の延長は，議会が議決で定める。
4　定例会を何回開催するか，いつ開催するかは条例で定める。
5　臨時に付議することのできる事件は，長があらかじめ告示した事件及び緊急を要する事件に限られる。

A 77 正解チェック欄 1回目 2回目 3回目

1 × 前段は正しい（法101条①）。議会の招集権は一身専属的なものではないので，長の職務代理者も，この権限を有する（法152条参照）。

2 × 招集は，開会の日前，都道府県及び市にあっては7日，町村にあっては3日までにこれを告示しなければならない（法101条⑦）。また，緊急を要する場合は，告示期間を短縮できるが，告示はしなければならない。

3 × 招集は，長の権限であるから，条例で時期を定めることはできない（法101条①，102条②）。また，定例会は，付議すべき事件がないときでも招集しなければならない。

4 × 前段，中段は正しい（法102条③，④）。臨時会の開会中に緊急を要する事件があるときは，直ちにこれを会議に付議することができる（同条⑥）。

5 ○ 法102条⑦。

正解 5

A 78 正解チェック欄 1回目 2回目 3回目

1 × 議会には，定例会と臨時会の2種類があるが（法102条①），国とは違い，特別会はない。

2 × 定例会及び臨時会双方とも，議会の招集については，長の権限に属している（法101条①～④）。しかし，長が招集しないときは，招集権は議長に移る（同条⑤，⑥）。

3 × 会期及び会期の延長については，議会が自ら決定する（法102条⑦）。

4 × 開催回数は，条例で定めるが（法102条②），いつ開催するかは招集権者である長が決めることであるので（法101条①），条例では規定できない。

5 ○ 臨時会は，付議すべき必要のある事件に限り招集され，その事件はあらかじめ告示される（法102条③，④）。また，臨時会の開会中に緊急を要する事件があるときは，その事件も付議することができる（同条⑥）。

正解 5

Q79 ★★ 通年議会

毎年，条例で定める日から翌年の当該日の前日までを会期とする，いわゆる通年議会の記述として，妥当なのはどれか。

1　通年議会において，長は，条例に定める日に議会を招集する。

2　通年議会の会期中に議員の任期が満了し，会期が終了した場合には，議長は，一般選挙により選出された議員の任期が始まる30日以内に議会を招集しなければならない。

3　普通地方公共団体の長は，通年議会の議長に対し，会議に付議すべき事件を示して，定例日以外の日において会議を開くことを請求することができる。

4　通年議会における議長は，当該普通地方公共団体の執行機関の事務に支障を及ぼすことがないよう配慮しないで，当該普通地方公共団体の長等に議場への出席を求めることができる。

5　議会は，会議規則により，定期的に会議を開く日を定めなければならない。

Q80 ★ その他の会議原則

会議原則に関する記述として，正しいものはどれか。

1　「議員平等の原則」とは，議会の構成員である議員は，法律上対等平等であることをいう。この原則は，会議の最も基本的な原則であり，法に定められている。

2　「審査独立の原則」とは，委員会が議会から付託を受けた事件の審査，調査については，議会の会議から干渉，制約を受けないことである。ただし，議会は付託した事件の審査，調査に期限を付けることができる。

3　事件を付託した議会は，委員会が可否を決し，修正の議決を行った場合，委員会の決定を重んじなければならない。

4　「現状維持の原則」とは，可否が同数となったときに，議長は裁決権を行使して事件の可否を決するが，この場合，議長は，現状を維持する方向で裁決すべきであるとするものである。この原則に例外はない。

5　長は，議会開催中は議場に出席し，議長及び議員から説明を求められたときは，速やかに応じなければならない。

A 79 正解チェック欄 1回目 2回目 3回目

平成24年の自治法改正により，いわゆる通年議会の規定が新設された。普通地方公共団体の議会は，条例で定めるところにより，定例会及び臨時会とせず，毎年，条例で定める日から翌年の当該日の前日までを会期とすることができることとなった（法102条の２）。

1　×　通年議会においては，条例で定める日の到来をもって，普通地方公共団体の長が当該日に招集したものとみなしている（法102条の２②）。

2　×　議員の任期が満了したときなど会期が終了した場合には，長が議会を招集する（法102条の２④）。

3　○　法102条の２⑦。

4　×　通年議会における議長は，当該普通地方公共団体の長等に議場への出席を求めるに当たっては，当該普通地方公共団体の執行機関の事務に支障を及ぼすことがないよう配慮しなければならない（法121条②）。

5　×　定例日は，条例で定めなければならない（法102条の２⑥）。

正解　3

80 正解チェック欄 1回目 2回目 3回目

1　×　会議の基本的な原則であり，法律に特別な規定はない。

2　○　期限までに審査，調査が終了しない場合，議会は期限を経過したときをもって，議会の議決により当該事件について直接審議に入ることができる。

3　×　審査独立の原則により，議会は委員会の審査結果について，何ら拘束されるものではない。

4　×　国会で可否同数のときの議長の裁決権を定めた憲法56条について，現状の変更を認める説もあり，昭和50年の政治資金規正法改正に当たり，参議院において可否同数となり，議長裁決により可となっている。

5　×　長は，説明のため議長から出席を求められたとき，議場に出席しなければならない。ただし，出席すべき日時に議場に出席できないことについて正当な理由がある場合において，その旨を議長に届け出たときは，この限りではない（法121条①）。

正解　2

Q81 ★ 委員会制度①

議会の委員会制度に関する記述として，正しいものはどれか。

1　法により，地方公共団体の議会に常任委員会，議会運営委員会及び特別委員会を置かなければならない。

2　本会議と委員会は，併存する機関であり，委員会は議会と離れた独立の意思決定機関である。

3　議会の閉会中においては，議長が，常任委員を選任することができる。

4　本会議は会期中に限って運営され，会期の終了とともに閉会されるが，委員会においては継続的な審議が可能な場合がある。

5　本会議は，公開の場において一定の形式を踏んで行われる。委員会も同様に公開の場で行われ，非公開とすることはできない。

Q82 ★★ 委員会制度②

議会の委員会制度に関する記述として，正しいものはどれか。

1　委員会制度は，議会における審議の徹底を図り，能率的な議事運営を図るため設けられた，議会の決定機関である。

2　議員はそれぞれ一箇の常任委員となるものとし，常任委員は，会期の始めに議会において選任する。

3　委員会には，委員が任期中在任する常任委員会と，特定事件を審査するため設置される特別委員会の2種類がある。

4　常任委員会は，条例により設置でき，法律による制限を受けない。

5　議長は，いずれの委員会にも出席できるため，常任委員会の委員になることはできない。

A 81　正解チェック欄　1回目□　2回目□　3回目□

委員会制度は，議会における審議の徹底を図り，能率的な議事の運営を図るため設けられた。議会はその内部組織として部門ごとに，議案・陳情等を調査し審査するため条例で委員会を置くことができる。

1　×　議会は条例により各委員会を置くことができる（法109条①）。

2　×　委員会は，あくまでも議会の内部組織として本会議の機能の一部を分担する機関であり，本会議における審議の予備的，専門的，技術的な審査機関である。

3　×　委員の選任その他委員会に関し必要な事項は，条例で定める（法109条⑨）。

4　○　会議不継続の原則の例外として，継続審議がある。

5　×　委員会の会議は多くの場合，非公開であり，簡易な議事手続で行うことができる。

正解　4

A 82　正解チェック欄　1回目□

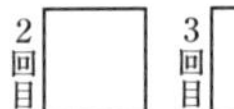

1　×　委員会は，議会の内部組織であり，本会議における審議の予備的・専門的・技術的な審査機関である。議会と離れた独立の意思決定機関ではない（法109条②，③，④）。

2　×　委員の選任その他委員会に関し必要な事項は，条例で定める（法109条⑨）。

3　×　さらに議会運営委員会の規定がある（法109条①）。

4　○　かつては常任委員会は自治体の種類，人口数等により上限が自治法に規定されていたが，平成12年の法改正で数の制限が廃止され，現在法律の制限はない。

5　×　委員の選任その他委員会に関し必要な事項は，条例で定める（法109条⑨）。条例で定めれば，議長は常任委員会の委員になれる。

正解　4

Q83 ★ 一事不再議の原則

一事不再議の原則に関する記述として，誤っているものはどれか。

1　議決された事項について，同一会期中に再び提出できないことをいう。

2　同一の内容であるか否かの判断は，文言ではなく，当該議案の実質的な内容，議案の趣旨や目的を考慮して判断する必要がある。

3　一事不再議の例外として，長による再議の制度がある。

4　条例制定改廃の直接請求があった場合，長は20日以内に議会を招集し，意見を付して議会に付議しなければならない。例え，以前に議会が一定の結論を出したものでも，議会は，これを審議しなければならない。この場合，一事不再議の原則は働かない。

5　議決後に事情の変更が生じたとしても，一事不再議の原則により，同一会期中には同一内容の提案をすることはできない。

Q84 ★ 会期不継続の原則

会期不継続の原則に関する記述として，正しいものはどれか。

1　会期中に議決に至らなかった事件は，会期の終了と共に消滅し，すべて後会に継続することはない。

2　前の会期で不成立に終った議案は，後会で更に発案することはできない。

3　前の議会の会期中における議員の行為に関し，後会の議会で懲罰を科すことができる。

4　会期中に議決に至らなかった議案は，会期終了とともに廃案になり，原則として後会に継続しないが，委員会の議決があれば継続して審議することができる。

5　次の会期にわたり，出席停止の懲罰議決をすることは違法である。

 **83** 正解チェック欄 1回目 2回目 3回目

一事不再議の原則は，地方議会を能率的に運営し，混乱を避けるため必要なものとされている。しかし，議会の内部的な運用規則であり，絶対的なものではなく，意思決定時と状況が変わっている場合など，新しい事態に対処するため，原則を適用すべきではないこともありえる。

1　○　ただし，憲法，自治法にこれに該当する規定は定められていない。

2～4　○

5　×　突発的な災害等により議決の前提が大きく変動した場合に一事不再議の原則を適用することは，不都合が生じる恐れが強い。このため，議決後に事情の変更があれば一事不再議の原則の適用がないとされている。これを事情変更の原則という。なお，事情変更の原則は，標準会議規則には規定されていない。

正解　5

84 正解チェック欄 1回目 2回目 3回目

議会は，会期ごとに独立の活動能力を有するものであり，会期中の議決に至らなかった事件は後会に継続しない。

1　×　会期不継続の原則の例外として，継続審議がある（法109条⑧）。

2　×　必要に応じ後会で更に発案することができる。前回の会期で否決されたものも同様である。

3　×　後の議会で懲罰を科すことはできない（行実昭23.10.30，高裁判昭27.2.15）。

4　×　議会の議決により継続審議となる（法109条⑧）。

5　○　正しい（行実昭23.10.30，高裁判昭25.9.11）。

正解　5

Q85 ★ 会議の開催

会議の開催に関する記述として，誤っているものはどれか。

1　議長は，議会運営委員会の議決を経て，当該普通地方公共団体の長に対し，会議に付議すべき事件を示して臨時会の招集を請求することができる。

2　議長等の臨時会の招集請求に対して，長が招集しない時は，議長が臨時会を招集することができる。

3　議会は，議員定数の半数以上の議員が在職し，在職議員の半数以上が出席しなければ，会議を開くことができない。

4　会議規則で定めた会議時間経過後においても，開議請求があったときは，議長は，その日の会議を開かなければならない。

5　議会の会議中，議場が騒然として議長が整理することが困難な場合は，議員中に閉議に異議がある者があっても，議長は職権で閉議することができる。

Q86 ★ 会議規則

会議規則に関する記述として，誤っているものはどれか。

1　議会の運営に関し必要な事項は，会議規則を設けてこれを定める。会議規則は，議会の運営に必要な会議の手続及び内部の紀律に関して議会が自立的に定めるものである。

2　会議規則に定める手続によらない議員派遣は違法となる。

3　地方議会の議員が行った演説，討論又は表決について，議会外で責任を問われることはない。

4　会議規則に一事不再議の規定がなくとも，議会に同原則の適用がある。

5　会議規則は議会内にあるすべての者を拘束し，その違反は懲罰の事由となる。

 85 正解チェック欄 1回目 2回目 3回目

議会の開閉とは，議会の活動の開始と終了のことであり，会期中のそれぞれの会議については開議，閉議といわれている。

1　○　正しい（法101条②）。

2　○　正しい（法101条⑤）。

3　×　議員定数の半数以上が出席しなければ，会議を開催することはできない（法113条）。

4　○　正しい（行実昭32.12.24）。

5　○　正しい（最判昭33.2.4）。

正解　3

 86 正解チェック欄 1回目 2回目 3回目

議会に関する法には，憲法，自治法等の法律，条例，会議規則がある。会議規則は法120条に基づき制定されるものであり，議会自身がその議決により制定する。これには，本会議及び委員会の議事手続，議会における選挙の手続，請願，陳情などが定められる。

1　○　正しい（法120条）。

2　○　正しい（法100条⑬）。

3　×　地方議会の議員が議場で行った演説，討論又は表決について，憲法51条のような保障の規定はない。これは保障しない法意である（行実昭23.6.16）。

4　○　正しい（行実昭33.3.26）。

5　○　正しい。会議の傍聴については，法130条③に規則に関する定めがある。

正解　3

Q 87 ★ 会議公開の原則

会議公開の原則に関する記述として，正しいものはどれか。

1　地方公共団体の議会は，これをすべて公開しなければならない。
2　公開には，傍聴の自由と報道の自由の2種類がある。
3　秘密会は，議員3人以上の発議により，出席議員の過半数の同意で議決したときは開くことができる。
4　秘密会の発議は，その事項が秘密を要するか討論した上で，その可否を決定しなければならない。
5　会議公開の原則は，本会議に関するもので，委員会には適用がない。

Q 88 ★ 議案の提出権

議員の議案提出権に関する記述として，正しいものはどれか。

1　議員に地方公共団体の位置及び予算に関する提出権はないが，地方公共団体の支所及び出張所の事務所の設置条例について長とともに提出権がある。
2　議案の提出は文書をもってしなければならない。
3　議案の提出は，長，議会の議員ができるものとされている。
4　議会に上程された提出案の撤回は，原則として提案者の意思により撤回することができる。
5　議案を提出するためには，議員定数の8分の1以上の者の賛成がなければならない。

A 87 正解チェック欄

1回目 2回目 3回目

会議公開の原則は，住民の代表機関である議会の会議を公開し，その内容を広く住民に知らしめ，住民の批判，監視のもとに公正な運営を図ることを目的としている。

1　×　会議公開の原則の例外として法115条に秘密会の規定がある。

2　×　会議公開の原則の内容として，傍聴の自由，報道の自由，会議録の公開がある。

3　×　出席議員の３分の２以上の議決による同意が必要である（法115条①）。

4　×　討論を行わず，その可否を決しなければならない（法115条②）。

5　○　委員会は議員の一部により構成されている議会の内部機関であり，委員会の議決が直ちに対外的効力を生じるものではなく，議会の意思として確定するには，議会の本会議を経る必要があるため，このように解されている。

正解　5

A 88 正解チェック欄

議案提出権は，長及び議員に与えられている。議決事件には，地方公共団体の意思が決定される団体意思の決定，議会として機関の意思が決定される機関意思の決定，長の事務執行の前提要件又は手続として議会の議決を要する長の事務執行の前提要件がある。これに応じ，議案の提出権者が定められる。

1　×　議会の議員には，地方公共団体の支所及び出張所の事務所の設置条例について提案権は認められていない（法４条，112条①ただし書，155条）。

2　○　正しい（法112条③）。

3　×　常任委員会（議会運営委員会，特別委員会）も，議会の議決すべき事件のうちその部門に属する当該普通地方公共団体の事務に関するものにつき，議会に議案を提出することができる。ただし，予算については，この限りでない（法109条⑥）。

4　×　原則として，議会に上程された議案の撤回は，提案者の意思のみにより撤回することはできない（行実昭27.2.6）。

5　×　12分の１以上の賛成が必要である（法112条②）。

正解　2

Q89 ★ 議員の懲罰①

議員の懲罰に関する記述として，誤っているものはどれか。

1　議員が，議場外において秘密会の議事を外部に漏らすことは，秘密性が存続する限り懲罰事由とすることができる。

2　懲罰処分の発生時期は，懲罰処分対象者となる本人に対して，その旨の通知がなされたときから効力を発する。

3　議会の会期末に起こった懲罰事犯に対する一定期間の出席停止の懲罰動議において，その会期を超える期間については，次の会期の開会の日を起点に繰り越すことはできない。

4　懲罰は議会の紀律と品位を維持するために，一つの行為について同種たると異種たるとを問わず，重ねて懲罰を科されることはない。

5　懲罰には，戒告，陳謝，出席停止，除名の４種があり，議会の自由裁量により科すことができる。

Q90 ★ 議員の懲罰②

議員の懲罰に関する記述として，正しいものはどれか。

1　収賄行為は，議員に対する住民の信用を失わせるため，懲罰の対象となる。

2　議会は，除名された議員で再び当選した議員を拒むことができる。

3　議会の会議又は委員会において，侮辱を受けた議員は，これを議会に訴え処分を求めることができる。この場合，議員定数の８分の１以上の発議によらず，侮辱を受けた議員が単独ですることができる。

4　懲罰は当該会期中に科さなければならない。このため，懲罰の審議を委員会に付託するとしても，継続審議とすることはできない。

5　懲罰は，議会の内部規律にかかる自律作用であり，懲罰を受けた者がそれに対する救済を他に求めることはできない。

 **89** 正解チェック欄 1回目 2回目 3回目

1 ○ 正しい。議場外の行為であっても秘密会の議事を外部に漏らす行為に対しては，懲罰を科すことができる（行実昭25.3.18）。

2 × 懲罰処分の効力の発生時期は，議決のときである（法134条①）。

3 ○ 正しい（行実昭23.10.30）。出席停止の効力は，次の会期に及ばない。

4 ○ 正しい（行実昭7.12.2）。二重に懲罰を科すことはできない。

5 ○ 正しい（法135条）。

正解 2

 **90** 正解チェック欄  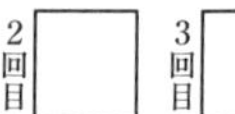

1 × 懲罰は自治法，会議規則，委員会に関する条例に違反した議員に科せられる（法134条）。

2 × 除名された議員で再び当選した議員を拒むことはできない（法136条）。

3 ○ 正しい（法133条，行実昭31.9.28）。

4 × 委員会の継続審議事件とし，閉会中の委員会の決定を次の会議で議決し，懲罰を科すことができる（行実昭30.12.22）。

5 × 除名については，法255条の4に定める審決の申請（自治大臣審決昭39.10.19），行政訴訟（最判昭26.4.26）が可能とされている。

正解 3

Q91 ★ 議会の運営

議会の運営に関する記述として，正しいものはどれか。

1　議会は，議案の審査又は当該普通地方公共団体の事務に関する調査のために必要な専門的事項に係る調査を学識経験を有する者等にさせることができる。
2　副議長は議長を補佐し，議会の円滑な運用に寄与しなければならない。
3　会議原則には，一般に，会議公開の原則，定足数の原則，過半数議決の原則，会議不継続の原則，一事不再議の原則があり，委員会についても適用される。
4　議会において行う選挙について，公職選挙法47条の点字投票は準用されるが，同法48条の代理投票は準用されない。
5　議案の審議は，一般に常任委員会に付託され，その審議結果が本会議の議決となる。

Q92 ★ 議会の会議原則

議会の会議原則に関する記述として，正しいものはどれか。

1 「定足数の原則」とは，在職議員の半数以上の議員が出席しなければ，会議を開くことができないことである。
2 「会議公開の原則」とは，議会の会議は定例会及び臨時会ともに公開しなければならないことである。この公開とは「傍聴の自由」，「報道の自由」のことである。
3 「過半数議決の原則」とは，議会の議事は出席議員の過半数でこれを決することである。この例外として，特別多数決がある。
4 「一事不再議の原則」とは，議会において一度議決し，又は決定した事項については，議決時と状況が変化しても，同一会期中は同一事件について審議の対象とすることができないことである。
5 「会期不継続の原則」とは，会期中議決に至らなかった事件は，すべて後会に継続しないことである。

A 91　正解チェック欄　1回目　2回目　3回目

1　○　正しい（法100条の２）。

2　×　副議長は，議会の議長に事故があるとき，又は議長が欠けたとき議長の職務を行う議長の代位機関である（法106条①）。

3　×　委員会は議会の内部機関であるため，会議原則は適用されないと解されている。

4　×　従来から代理投票は準用されていた。点字投票は平成14年の法改正により準用されている（法118条①）。

5　×　常任委員会での審議結果を本会議に報告後，本会議での審議を経て議決に至るものである。

正 解　1

92　正解チェック欄　1回目　2回目　3回目

1　×　在職議員ではなく，議員定数の半数以上の出席が必要である（法113条）。

2　×　この原則は，自治法上は，本会議のみに適用される。委員会については，この原則の趣旨にそって，委員会規則で傍聴を認めている例がある。また，公開には会議録の閲覧が含まれる（行実昭26.10.10，行実昭50.11.6）。

3　○　正しい。

4　×　この原則は，議会の内部的な運用規則であり，絶対的なものではなく事情変更の原則が適用される場合がある。

5　×　会期不継続の原則の例外として，継続審議制度がある。

正 解　3

Q93 ★★ 議会の解散

議会の解散に関する記述として，誤っているものはどれか。

1　議会の解散とは，議員の任期満了前に，議員全員の資格を奪い，現存する議会の組織を廃止することである。

2　議員の解職に関する住民の直接請求は，議員の一般選挙があってから１年間は，これを行うことができない。

3　議会における長の不信任議決に対し，長は通知を受けた日から10日以内に，議会を解散することができる。

4　非常の災害による応急もしくは復旧の施設のため必要な経費又は感染症予防のために必要な経費を議会が減額，削減し，再議の結果も同様の場合，長はこれを不信任の議決とみなし，議会を解散できる。

5　議会は，自治法の規定に基づき，自ら解散することができる。

Q94 ★★ 議会の紀律

議会の紀律に関する記述として，正しいものはどれか。

1　法により議長に秩序維持権が与えられ，議員の言動等を制止し，発言を禁止し，議場外へ退去させることができるが，発言を取り消させることはできない。

2　議場の秩序維持のため，議場が騒然とし議長が整理することが困難な場合は，議長は職権で閉会することができる。ただし，議員の３分の２が閉議について異議があるときはこの限りでない。

3　議長により，その日の会議が終わるまで発言を禁止された議員であっても，会議に出席し，表決，投票等に加わることができる。

4　議員は，議場の秩序を乱し，又は会議を妨害する者があるときは，議長の注意を喚起することができるが，注意喚起の対象は議員又は執行機関に限られ，傍聴人を含まない。

5　議会の会議又は委員会において，侮辱を受けた議員は，これを議会に訴えて処分を求めることはできるが，この場合，議員の定数の８分の１以上の者の発議によらなければならない。

93 正解チェック欄

1回目 2回目 3回目

1　○　正しい。
2　○　正しい（法84条）。
3　○　正しい（法178条）。
4　○　正しい（法177条②，③）。
5　×　「地方公共団体の議会の解散に関する特例法」に基づき解散することができる。

正解　5

94 正解チェック欄

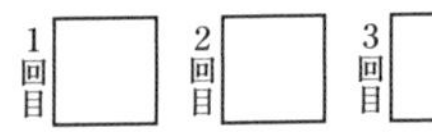

1回目 2回目 3回目

1　×　会議の傍聴発言を取り消させることもできる。紀律維持のため，議場の秩序維持（法129条），会議の傍聴に係る規定（法130条），一定の場合に議員が議長の注意を喚起できる規定（法131条），議員の品位の保持（法132条），侮辱を受けた議員の侮辱に対する処置（法133条）がある。
2　×　議場が騒然として議長が整理することが困難な場合は，議員中に閉議について異議がある者があっても，議長は職権で閉議することができる（最判昭33.2.4）。
3　○　正しい（法129条，行実例）。
4　×　（法131条，行実昭22.8.8）。
5　×　侮辱を受けた議員が議会に訴えて処分を求めるときは，議員定数の8分の1以上の者の発議の規定はない（法133条，行実昭31.9.28）。

正解　4

Q95 ★★★ 議会の議決

議会の議決に関する記述として，誤っているものはどれか。

1　議決で同数の場合，議長の採決で決する。これを議長の表決権といい，特別多数の場合，議長は裁決権を持つ。

2　議会が議案に対する修正の動議を議題とするときは，議員定数の12分の1以上の発議によらなければならない。

3　急を要する事件が発生したときは，議会の定数の4分の1以上の者の要請により，臨時会を開催できる。

4　秘密会は，議長の発議又は議員3人以上の発議により，出席議員の3分の2以上の多数で議決したとき開催できる。

5　会議を開催するためには，議員定数の2分の1以上の議員の出席を要する。ただし，この規定には例外が定められている。

Q96 ★★ 議会の常任委員会

議会の常任委員会に関する記述として，正しいものはどれか。

1　常任委員会は，議会の議決すべき事件のうち，予算を除く事務に関するものにつき，議会に議案を提出することができる。

2　常任委員会は，議会の議決により付議された特定の事件について，定例会及び臨時会の開会中以外の期間は，審査することはできない。

3　常任委員会は，当該普通地方公共団体の事務に関する調査又は審査のため必要があると認めるときは，参考人の出頭を求め，その意見を聴くことはできない。

4　常任委員会は，公聴会を開き，学識経験を有する者から意見を聞くことができるが，重要な議案については非公開とすることができる。

5　常任委員会は，議会案件に対し予備的，専門的に審査する機関であり，必ず設置しなければならない。

 95 正解チェック欄 1回目 2回目 3回目

1　×　議長は特別多数の場合は表決権を有し，多数決の場合は裁決権を有している。

2　○　正しい（法115条の３）。

3　○　正しい（法101条③，102条③）。

4　○　正しい（法115条①）。

5　○　正しい。法117条の規定による除斥のため半数に達しないとき，同一の事件について再度招集してもなお半数に達しないとき，招集に応じても出席議員が定数を欠き議長において出席を催告してもなお半数に達しないとき，若しくは半数に達してもその後半数に達しなくなったときは会議を開催することができる（法113条）。

正解　1

 96 正解チェック欄 1回目 2回目 3回目

1　○　正しい（法109条⑥）。

2　×　議会の議決により付議された特定の事件については，閉会中でも審査できる（法109条⑧）。

3　×　調査又は審査のため必要があると認めるときは，参考人の出頭を求め，その意見を聴くことができる（法115条の２②，109条⑤）。

4　×　公聴会の非公開はできない（行実昭22.8.8）。

5　×　条例で置くことができる（法109条①）。

正解　1

Q 97 ★★ 議会運営委員会

議会運営委員会に関する記述として，正しいものはどれか。

1　議会は，議会運営委員会を置かなければならず，当該委員は会期のはじめに議会において選任する。

2　議会の議決により付議された特定の事件については，定例委員及び臨時会の閉会中の期間は審査することができない。

3　常任委員会と議会運営委員会の委員を兼ねることは，可能である。

4　議会運営委員会の所管事項は，常任委員会との調整を図るため，条例により定めることとされている。

5　議会運営委員会は，議会の会議規則，委員会に関する条例等に関する事項を調査することができるが，議案，請願等を審査することはできない。

Q 98 ★ 継続審議

継続審議に関する記述として，正しいものはどれか。

1　委員会の継続審議に付託された案件は，次の会期に冒頭に改めて議会に提案しなければならない。

2　懲罰事件については，継続審議として委員会に付託することはできない。

3　議会の議決により付議された特定の事件に関する限り後会に継続するものであり，あらためて提案する必要はない。

4　議長が閉会中に受理した請願を継続審査事件を付託されている委員会に付託することはできる。

5　継続審議は常任委員会に適用され，特別委員会は継続審議することはできない。

97　正解チェック欄　1回目 □　2回目 □　3回目 □

地方公共団体の議会は，主として地域的な事柄を審議対象としており，政党あるいは会派を軸とした議会運営を想定していなかった。しかし，地方における政党政治の進展，議会運営の複雑化により，その必要性が高まり，平成３年の自治法改正により，議会運営委員会制度が設けられた。

1　×　議会運営委員会は，条例で設置できる（法109条①）。

2　×　継続審議も可能である（法109条⑧）。

3　○　正しい。

4　×　所管事項は法定されている（法109条③）。

5　×　議会運営委員会は，議案，請願等を審査する（法109条③）。

正解　3

98　正解チェック欄　1回目 □　2回目 □　3回目 □

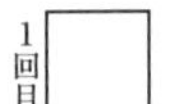

継続審議は，法109条⑧に規定され，会期不継続の原則の例外を定めたものである。

1　×　次に議会で改めて提案する必要はない（行実昭25.6.2）。

2　×　懲罰事件も継続審議できる（行実昭30.12.22）。

3　○　正しい（行実昭25.6.2）。

4　×　付託することはできない（行実昭49.2.5）。

5　×　特別委員会についても適用される（法109条⑧）。

正解　3

Q99 ★★ 常任委員会と特別委員会

常任委員会と特別委員会に関する記述として，正しいものはどれか。

1　常任委員会は，予算その他重要な案件について公聴会を開催することができるが，特別委員会は開催することはできない。

2　常任委員会は，議会の議決により付議された特定事件について閉会中も継続審議が認められているが，特別委員会には閉会中の継続審議は認められていない。

3　議会で審議されていない事件について，特別委員会を設置することはできない。

4　議員の任期が満了したときは，設置されている特別委員会は自然消滅する。

5　議会の閉会中において，議長は条例で定めるところにより常任委員を選任することができるが，特別委員を選任することはできない。

Q100 ★★ 多数決の原則

議会の議事に関する多数決の原則に関する記述として，正しいものはどれか。

1　議事及び選挙は，原則として，出席議員の過半数でこれを決する。ここにいう出席議員には，除斥された議長又は議員は含まれない。

2　ここにいう出席議員とは，当該日の会議に出席している議員であり，これに含まれないのは除斥された議員，退職を命ぜられた議員，表決の際退場した議員である。

3　可否同数のときは，議長の決するところによる。議長は，議員として議決に加わる権利を有さない。ただし，特別多数決の場合は議長は裁決権を有さず，表決権を有するのみである。

4　過半数議決の原則は委員会についても採用されており，特別多数決議決を要する事件が委員会に付託されている場合，委員会においても同一の要件が求められる。

5　過半数とは，半数を超える数であり，出席議員が20人の場合，10人以上である。

99 正解チェック欄 1回目 2回目 3回目

1　×　公聴会及び参考人の制度について，平成24年の法改正で会議（本会議）において公聴会の開催及び参考人の招致ができることが法制化された。改正前は委員会について規定されていたものであるが，改正により委員会について準用されることとされた（法115条の2②，法109条⑤）。

2　×　特別委員会も，議会の議決により付議された特定の事件について，継続審議することができる（法109条⑧）。

3　×　議会で審議されていない事件についても，議会の議決により付議された特定の事件について特別委員会を設置することができる（行実昭26.10.10）。

4　○　正しい（行実昭34.3.17）。

5　×　議会は，条例で，常任委員会，議会運営委員会及び特別委員会を置くことができる（法109条①）。

正解　4

100 正解チェック欄 1回目 2回目 3回目

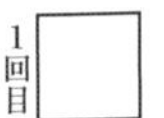

議会の意思決定方法として，多数決の原則が採用されている。多数決には，絶対多数（過半数），比較多数，特別多数があるが，議会の一般的な意思決定では絶対多数が採用されている。

1　×　選挙は出席議員の過半数は必要でなく，比較多数であればよいとされている。

2　×　議長も除外される（法116条②）。

3　○　正しい。

4　×　委員会条例や会議規則に特別の規定がない限り，委員会において同一の要件が求められるわけではなく，過半数議決で足りる（行実昭25.6.8）。

5　×　過半数とは，出席議員を2で割り，その値の整数部分に1を足したものである。

正解　3

Q101 ★★ 定足数の原則

定足数の原則に関する記述として，正しいものはどれか。

1　議会は，議員定数の半数以上の議員が出席しなければ会議を開くことができない。ただし，この議員に表決権を持たない議長は含まれない。

2　定足数の原則は，会議開催のための要件であり，会議を継続するための要件ではない。

3　議会不成立の場合は，定足数のただし書の規定を適用しても議会を開くことはできない。

4　定足数の原則の例外として，除斥により半数に達しない場合が規定されている。除斥に該当するものがある場合，除斥に関係する議事だけではなく，同日のすべての議事にこの規定が適用される。

5　同一の事件について再度招集してもなお半数に達しないときは，定足数を欠いても会議を開くことができる。ただし，初日のみならず2日以上にわたって定足数を欠いたときは，会議を継続することはできない。

Q102 ★ 特別委員会①

特別委員会に関する記述として，誤っているものはどれか。

1　特別委員会は，議会の議決により付議された事件を審査する。

2　特に期限を付さない限り，次の会期まで特別委員会は存続するものであるから，次の会期中に更に審査が終わらなくても継続する。

3　議会の議決により付議された事件について，審査が終了しないうちに会期が終了した場合，審議未了として消滅する。

4　常任委員会については，その数の最高限度が法定されておらず，特別委員会についてもその数，種類について制限する規定はない。

5　議員の任期が満了した場合，設置されている特別委員会は自然消滅する。

 正解チェック欄 1回目 2回目 3回目

定足数は，会議が適法に成立するための要件であり，定足数を欠いてなされた議決，決定，選挙等は無効である。

1　×　議員定数の半数以上の議員に議長は含まれる（法113条）。

2　×　会議を継続するための要件であり，意思決定の要件でもある。

3　○　定足数を満たすためには，それ以上の議員が在籍していなければならない。これを議会が成立しているという。もし，議会不成立のときは，議会を開くことはできない。

4　×　除斥のため半数に達しないときも会議を開き議決しうるのは当該事件のみである。

5　×　定足数を欠いたまま会議を継続することができる。

正解　3

 102 正解チェック欄 1回目 2回目 3回目

1　○　正しい（法109条④）。

2　×　次の会期中に審査が終わらない場合は，再度審査に付する方法を取るべきである（行実昭27.10.31）。

3　○　正しい。

4　○　正しい。平成12年の法改正によって常任委員会の制限は撤廃された。

5　○　正しい（行実昭34.3.17）。

正解　2

Q103 ★ 特別委員会②

特別委員会に関する記述として，正しいものはどれか。

1　特別委員会は，議会が会議規則に基づき設置するものである。
2　特別委員会の委員と常任委員会の委員を兼ねることはできない。
3　前議会で行った議員の発言について，懲罰事由に該当するか否かを調査する特別委員会を次の会期において設置することはできない。
4　議会で審議されていない事件については，議会は特別委員会を設置することはできない。
5　特別委員会について，あらかじめ期限を定め審議終了まで継続審議に付す旨を議決することはできない。

Q104 ★★★ 特別多数決

特別多数決に関する記述として，誤っているものはどれか。

1　地方公共団体の事務所の位置に関する条例の制定，改廃については，在籍議員の2分の1以上が出席し，その3分の2以上の同意がなければならない。
2　長の不信任議決は，在籍議員の3分の2以上が出席し，その4分の3以上の同意がなければならない。
3　議会の解散の議決は，在籍議員の4分の3以上が出席し，その5分の4以上の同意がなければならない。
4　議会解散後の長の不信任議決は，在籍議員の3分の2以上が出席し，その過半数の者の同意がなければならない。
5　指名推選による当選人の選出は，議員定数の2分の1以上が出席し，その全員の同意がなければならない。

A 103 正解チェック欄 1回目 2回目 3回目

1　×　条例により設置される（法109条①）。なお，この条例は，特別委員会ごとに個別に設ける必要はなく，特別委員会を設置する必要が生じたときに議会が議決し，その委員を選任し特定の特別委員会が活動できる旨を定めた一般的な特別委員会設置条例で足りる。

2　×　特別委員会の委員は，議員の資格を有するものから選任され，委員を兼ねることはできる（法109条①，⑨）。

3　○　正しい（行実昭40.3.12）。

4　×　議会において審議されていない事件についても，特別委員会を設置することができる（行実昭26.10.10）。

5　×　会期が終了すれば，特別委員会の審議が終了していない場合，審議未了で消滅する。ただし，その審議が数会期に渡るようなときは設問のような議決をすることができる。

正解　3

A 104 正解チェック欄 1回目 2回目 3回目

1　×　議員定数の２分の１以上の出席が必要。

2　○　正しい。

3　○　正しい。

4　○　正しい。

5　○　正しい。

定足数	同意	対象
議員定数の２分の１以上	出席議員の３分の２以上	①事務所の位置に関する条例の制定，改廃（法４条３項） ②秘密会の議決（法115条１項） ③議員の資格決定（法127条１項） ④一般的拒否権による再議（法176条３項） ⑤条例で定める重要な公の施設のうち条例で定める特に重要なものについて廃止，又は条例で長期間かつ独占的に利用させようとするとき（法244条の２・２項）
在職議員数の３分の２以上	出席議員の４分の３以上	①主要公務員の解職請求による賛否（法87条１項） ②議員の除名処分の決定（法135条３項） ③長の不信任議決（法178条３項）
在職議員数の４分の３以上	出席議員の５分の４以上	議会の解散の議決（地方公共団体の議会の解散に関する特例法２条２項）
在職議員数の３分の２以上	出席議員の過半数	議会解散後の長の不信任議決（法178条３項）
議員定数の２分の１以上	出席議員の全員	指名推選による当選人の選出（法118条２項，３項）

正解　1

Q105 ★ 支庁・地方事務所・支所等

支庁・地方事務所・支所等に関する記述として，正しいものはどれか。

1　支所とは，土木等の特定の事務のみを分掌する事務所である。
2　出張所とは，住民の便宜のため市役所，町村役場まで出向かなくてすむ程度の簡単な事務を処理するために設置される。
3　地方公共団体の長は，その権限に属する事務を分掌させるため，規則で地方事務所，支所等を設置することができる。
4　地方公共団体の事務所の位置を定め又は変更しようとするときは，あらかじめ，都道府県知事にあっては総務大臣に協議しなければならない。
5　行政機関の設置に関する条例の発案は，長の専権に属している。ただし，議会はこの条例の発案について，修正することができる。

Q106 ★★ 地域による事務分掌

地域による事務分掌に関する記述として，誤っているものはどれか。

1　長は条例で，都道府県にあっては支庁及び地方事務所，市町村にあっては支所又は出張所を設けることができる。
2　支庁，地方事務所又は支所，出張所の位置，名称及び所管区域は条例で定めなければならない。この場合，住民の利用に最も便利であるよう，交通事情，他の官公署との関係等について適当な考慮が払われなければならない。
3　支庁・地方事務所・支所・出張所設置条例及び行政機関設置条例の発案は，長の専権に属する。ただし，地方公共団体の事務所の位置条例については議員と長に議案提出権がある。
4　政令指定都市は，市長の権限に属する事務を分掌させるため，条例でその区域を分けて区を設け，区の事務所を置き，必要があるときは出張所を置かなければならない。
5　政令指定都市の区に置かなければならないものは，区長，区会計管理者である。

 正解チェック欄 1回目 □ 2回目 □ 3回目 □

自治法は，地域に事務を分掌する出先機関として，長の権限に属する事務を一般的に分掌する総合出先機関（法155条），長の権限に属する事務のうち特定の事務を分掌する特別出先機関（法156条）を定めている。

1　×　支所，出張所は，特定の区域において市町村長の権限に属する事務の全般を分掌する総合出先機関である（昭22.5.29通知）。

2　○　正しい（行実昭33.2.26）。

3　×　条例で定めなければならない（法155条①）。

4　×　事務所の位置を定めることは，自治体固有の問題であり，現行法上，設問のような規定はない。

5　×　自治法２条14項，15項にのっとった提案に関しては修正すべきではない（行実昭30.12.23）。

正解　2

 106 正解チェック欄 1回目 □ 2回目 □ 3回目 □

1　○　正しい（法155条①）。

2　○　正しい（法155条②，行実昭33.2.26）。

3　○　正しい。支庁・地方事務所・支所・出張所設置条例（法155条），行政機関設置条例（法156条），地方公共団体の事務所の位置条例（法４条①）。

4　○　正しい（法252条の20①）。

5　×　選挙管理委員会も設置しなければならない（法252条の20③，⑤，令174条の42，174条の43）。

正解　5

107 ★ 地方公共団体の執行機関

地方公共団体の執行機関に関する記述として，誤っているものはどれか。

1　地方公共団体の執行機関の特色として，首長主義と執行機関の多元主義がある。
2　執行機関の設置は法律に基づかなければならず，そのすべては地方自治法に根拠が定められている。
3　執行機関には長と委員会及び委員がある。執行機関の多元主義により，委員会及び委員に対し，長の総合調整権は及ばない。
4　委員会及び委員は，その民主的運営のため，監査委員を除き，合議制を採用している。
5　執行機関の組織は，長の所轄の下に，それぞれ明確な範囲の所掌事務と権限を有する執行機関によって，系統的にこれを構成しなければならない。

108 ★ 地方公共団体の組織と長

地方公共団体の組織と長に関する記述として，正しいものはどれか。

1　地方公共団体の組織及び運営に関する事項は，憲法92条の規定により，地方自治の本旨に基づき，法律でこれを定める。
2　市町村の部課設置条例の発案権は，市町村長及び議員にある。
3　市町村長は，部課を増減させるときは，あらかじめ都道府県知事と協議しなければならない。
4　市町村長は，自治法の定める数の範囲で，条例により部課を設置することができる。
5　都道府県知事においては必要があると認めるときは，条例で，局部の数を増減することができる。

A 107 正解チェック欄 1回目 2回目 3回目

1　○　正しい。首長主義とは，執行機関としての長を住民が直接選挙することであり，議決機関としての議会と権限を分かち，相互の均衡抑制を図り，地方自治行政の民主的かつ公正な運営を確保しようとしている。執行機関の多元主義とは，一機関への権限集中を避け，複数の執行機関に権限事務を分掌させることである。

2　○　正しい。憲法92条は，「地方公共団体の組織及び運営に関する事項は，地方自治の本旨に基いて，法律でこれを定める」としている。

3　×　長には次の総合調整権がある。執行機関の組織の原則（法138条の3）。組織運営に関するもの（法180条の4①）。予算執行に関するもの（法221条①）。公有財産に関するもの（法238条の2①）。

4　○　正しい。ただし，独任制の監査委員においても，合議が求められる場合がある。

5　○　正しい（法138条の3①）。

正解　3

A 108 正解チェック欄 1回目 2回目 3回目

1　○　憲法92条は，「地方公共団体の組織及び運営に関する事項は，地方自治の本旨に基いて，法律でこれを定める」としている。

2　×　市町村長の専属権である（法158条①，行実昭28.1.7）。

3　×　自治法にこのような規定はない。市町村の自治組織権に委任されている。なお，改正前の法158条③条例制定改廃の届出義務は，平成23年の法改正で廃止された。

4　×　都道府県については局部の数について上限が定められていたが，平成15年の法改正でこの規定は廃止された。また，市町村には部課制の枠が廃止された。

5　×　長の直近下位の内部組織の設置及びその分掌する事務については，条例で定めるものとする（法158条①）。

正解　1

Q109 ★★ 地方公共団体の長

地方公共団体の長に関する記述として，正しいものはどれか。

1　地方公共団体の長の被選挙資格は，日本国民で，当該地方公共団体の議会の選挙権を有する，都道府県知事においては30歳以上，市町村長では25歳以上の者である。

2　国の機関として処理する行政事務について，市町村の長は，都道府県知事及び主務大臣の指揮監督を受ける。

3　普通地方公共団体の長と議会は住民から直接選ばれ，ともに地方公共団体を代表する。

4　普通地方公共団体の長は，当該団体の執行機関としての性格を持つとともに，国又は他の地方公共団体，その他公共団体の事務を管理執行する機関としての性格がある。

5　長は，参議院，衆議院の議員，地方公共団体の議員及び常勤の職員，短時間勤務職員と兼ねることはできない。

Q110 ★ 長の兼職・兼業の禁止

長の兼職・兼業の禁止に関する記述として，誤っているものはどれか。

1　長は，衆・参議院議員，地方公共団体の議会の議員及び常勤職員，短時間勤務職員と兼ねることはできない。

2　長は，当該地方公共団体が構成団体となっている地方公共団体の組合の議会の議員あるいは管理者その他の職員と兼ねることはできない。

3　長は，当該地方公共団体に対し請負をする者及びその支配人，主として当該地方公共団体に対し請負をする法人の役員と兼ねることはできない。

4　特定の公務員を除き一般に公務員の在職中の立候補は禁止されており，そのような公務員が立候補したときは，その届出の日に当該公務員たることを辞したものとみなされる。

5　長が兼業禁止規定に該当するときは，その職を失う。その認定は，選挙管理委員会が行う。

A 109 正解チェック欄 1回目 2回目 3回目

1　×　当該地方公共団体の議会の選挙権を有するとする規定はない（法19条②，③）。

2　×　平成11年の法改正で機関委任事務が廃止されたことに伴い，指揮監督は関与に改正された。関与は，法定主義の原則（法245条の２），一般法主義の原則（法245条の３～245条の８），公正・透明の原則（法247～250条の６）の３原則により行われる。

3　×　普通地方公共団体の長は，当該普通地方公共団体を統轄し，これを代表する（法147条）。

4　×　平成11年に機関委任事務は廃止されていることから，後段が誤り。

5　○　正しい（法141条）。

正解　5

110

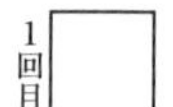

正解チェック欄 1回目 2回目 3回目

長は，衆・参議院議員，地方公共団体の議員，常勤の職員との兼職が禁止されている。また，公正な職務の執行を確保するため，一定の私企業から隔離され，兼業が禁止されている。

1　○　正しい（法141条）。

2　×　この場合，長はその役職を兼ねることができる（法287条②，291条の４④）。

3　○　正しい。ただし，主として当該地方公共団体に対し請負をする法人のうち，当該地方公共団体が資本金，基本金その他これらに準ずるものの２分の１以上を出資している法人については，兼業禁止規定の適用が除外される（法142条，令122条）。

4　○　正しい（公選法89条，90条）。

5　○　正しい（法143条①）。

正解　2

Q111 ★★ 長の権限

長の権限に関する記述として，正しいものはどれか。

1　長は，当該普通地方公共団体の委員会又は委員に対して，その事務局等の組織，職員の定数又は職員の身分取り扱いについて，必要な措置を講ずることを命ずることができる。

2　長の総合調整権は，当該普通地方公共団体の区域内の公共的団体等の活動の総合調整を図るため，これを指揮監督することができ，この指揮監督は当該普通地方公共団体の議会の議決に基づいて行われる。

3　長は，その管理に属する行政庁の処分が法令，条例又は規則に違反すると認めるときは，その処分を停止することができるが，取り消すことはできない。

4　長は，その権限に属する事務の一部を，当該普通地方公共団体の委員会と協議して，当該委員会の事務を補助する職員に委任することはできるが，補助執行させることはできない。

5　長は，財産を取得，管理及び処分することはできるが，当該普通地方公共団体の学校その他教育機関の用に供する財産を取得及び処分をすることはできない。

Q112 ★ 長の権限の委任

長の権限の委任に関する記述として，誤っているものはどれか。

1　長の権限の委任とは，長の権限を他の者に移し，この委任を受けた者が自らの名と責任において権限を行使することである。

2　委任できる者は当該地方公共団体の職員に限られており，他の執行機関の補助職員は含まれない。

3　長の権限に属する事務であれば，原則としていかなる事務も委任できる。ただし，議会の招集権，議案の発案権，議会の解散，副知事・副市町村長の任命等は委任に適さないとされている。

4　委任した場合，その事務が受任者の職務権限となり，長は自らその事務を処理する権限を失う。

5　権限の委任は，法令により定められた権限の配分を変更するものであるため，委任について法の明示の根拠を要すると解されている。

111　正解チェック欄　1回目□　2回目□　3回目□

1　×　勧告することができる（法180条の４①）。
2　○　正しい（法157条①，法96条①XIV）。
3　×　取り消し又は停止することができる（法154条の２）。
4　×　補助執行させることができる（法180条の２）。
5　×　長は財産を取得し，及び処分することはできるが，法の特別の規定（地教行法）により，教育財産の管理は教育委員会の権限である（法149条Ⅵ，地教行法22条Ⅳ）。

正解　2

112　正解チェック欄　1回目□　2回目□　3回目□

1　○　正しい。代理と委任で異なるところは，委任ではその事務が受任者の職務権限となり，受任者の名において処理され，長は自ら処理する権限を失う。代理した場合，代理者は長の職務権限を代わって行使するが，その事務の職務権限は長に属したままである。
2　×　長は当該地方公共団体の委員会又は委員と協議し委任することができる（法180条の２）。
3　○　正しい。
4　○　正しい。法153条，180条の２に規定されている。
5　○　正しい。

正解　2

Q113 ★★ 長の権限の代行

長の権限の代行に関する記述として，誤っているものはどれか。

1　長の代理とは，長の権限の全部又は一部を他の者が代わって行使し，それが長の行為として効果を生じさせることである。

2　長の権限の委任とは，長の権限を他の者に移し，この委任を受けたものが自らの名と責任においてその権限を行使することである。

3　法定代理とは，一定の事由の発生とともに当然代理関係が発生するものである。具体的には，長に事故があるとき，または長が欠けたとき，副知事又は副市町村長が職務代理者となることである。

4　授権代理とは，長の委任に基づき代理関係が発生するものである。長の権限の全部又は一部を，必要に応じ，任意の当該地方公共団体の職員に代理させるものである。

5　補助執行とは，内部的に長の権限を補助して執行し，対外的には長の名において行うものである。

Q114 ★★ 長の権限の代理

長の職務に関する記述として，正しいものはどれか。

1　代理とは，長の権限の全部又は一部を，長以外の者が，長の名により行使し，長が行ったことと同一の効果が生ずることである。

2　代理には，一定の事由の発生により代理関係が発生する法定代理，権限を有する者の授権行為により代理関係が発生する授権代理がある。

3　長が任期満了前に在職のまま選挙活動に専念する場合は，法定代理の対象とはならない。

4　職務を代理できる範囲は，原則として長の職務権限のすべてに及び，不信任議決がなされた場合の議会の解散，副知事，副市町村長の選任まで含まれる。

5　授権代理により委任された事務は，依然として長の権限に属しているが，自由に代理関係の変更，消滅させることはできない。

A 113 正解チェック欄 1回目 2回目 3回目

1 ○ 正しい。
2 ○ 正しい（法153条①）。
3 ○ 正しい（法152条①）。
4 × 授権代理では，長の権限の一部のみ可能である（法153条①）。
5 ○ 正しい。

	権　限	対外的表示	責　任
法定代理	長	長の職務を代理する者であることを明示する	長
授権代理	同　上	同　上	長
委　　任	受任者	受任者の名	受任者
補助執行	長	長の名	長

正解　4

A 114 正解チェック欄 1回目 2回目 3回目

1 × 代理とは，代理者が長の職務代理者であることを明示して，自己の名をもって，長の職務権限に属する一切の事項を処理し，その行為の効果は長の行ったと同じ効果を生ずることである。
2 ○ 法定代理には，法定の事実の発生により当然に職務代理関係を生じる狭義の法定代理（法152条①）と，法定事実の発生によって当然には代理関係が生ぜず，代理者の指定とあいまって代理関係が生じる指定代理（法152条①後段，②，③）がある。
3 × 長に事故があるとき，長が欠けたとき，副知事又は副市町村長が職務代理者となる。設問の場合は事故に該当するとされている。
4 × これらのことは，公選の長という身分に着目して付与された権限であり，代理には親しまないとされている（行実昭30.9.2）。
5 × 長の裁量により可能である。また，長は代理者を指揮監督することもできる。

正解　2

Q115 ★★ 長の失職事由

長の失職事由に関する記述として，正しいものはどれか。

1　普通地方公共団体の長が退職しようとするときは，退職予定日前30日までに，議長に申し出を行わなければならない。

2　議会解散後，初めて招集された議会で在籍議員の３分の２以上が出席し，出席議員の過半数の同意により不信任の議決をされたときは，その職を失う。

3　選挙権を有する者の総数が40万を超えない普通地方公共団体において，選挙権を有する者の３分の１以上の署名により解職請求があり，議会において在職議員の過半数の同意があったときは，その職を失う。

4　長が兼業禁止規定に抵触するかどうかは，当該地方公共団体の監査委員が決定する。

5　長はその選挙に関し当選無効の訴訟が提起されても，これが確定するまではその職を失わない。ただし，判決の結果，選挙の当初から長たるべき者でなかったことが確定した場合，その間の長の行為は無効となる。

Q116 ★★ 長の総合調整権

長の総合調整権に関する記述として，誤っているものはどれか。

1　長，その他の執行機関は，原則として独立したものである。しかし，行政執行の一定性，総合性を確保するため，長に総合調整権が与えられている。

2　長は，予算の執行の適正を期すため，委員会又は委員，その管理に属する機関で権限を有するもの等に，報告聴取，現況実地調査，必要措置要求をすることができる。

3　執行機関の組織は，長の所轄の下に，明確な範囲の所掌事務と権限を有する執行機関により，系統的に構成しなければならない。

4　委員会又は委員は，事務局等の組織・職員の定数，職員の身分取扱で政令で定めるものにつき，委員会又は委員の規則その他の規程を定め，変更することができ，長と協議する必要はない。

5　長は，公有財産の取得管理について，委員会又は委員，その管理に属する機関で権限を有するもの等に報告聴取，実施調査，必要措置要求をすることができる。

A 115 正解チェック欄 1回目 □ 2回目 □ 3回目 □

長は，長の解職請求に基づく住民投票で過半数の同意があったとき，被選挙権の喪失・兼業禁止規定該当，選挙無効又は当選無効の確定，退職，議会による不信任議決，任期満了，死亡によりその身分を失う。

1　×　都道府県知事は30日前，市町村長は20日前とされている（法145条）。

2　○　在籍議員の３分の２以上が出席し，出席議員の過半数の者の同意により，長は職を失う（法178条）。

3　×　議会ではなく，選挙権を有する者の投票により過半数の同意が必要（法83条）。なお，40万を超える場合，必要な署名数は，40万を超える数に６分の１を乗じて得た数と，40万に３分の１を乗じて得た数とを合計して得た数とされている（法81条）。

4　×　被選挙権の有無及び兼業禁止規定該当は，原則として選挙管理委員会で決定する（法143条①）。

5　×　訴訟が確定するまでの間における長の行為は，すべて有効なものとされる（行実昭39.7.10参照）。

正解　2

A 116 正解チェック欄 1回目 □ 2回目 □ 3回目 □

1　○　正しい。執行機関の組織の原則（法138条の３）。予算執行の調整権（法221条）。公有財産に関する総合調整権（法238条の２），組織等に関する総合調整権（法180条の４）がある。

2　○　正しい。予算執行の調整権。

3　○　正しい。執行機関の組織の原則。

4　×　組織等に関する総合調整権。この場合，長と協議しなければならない。また，長は他の執行機関の事務局等の組織・職員の定数，職員の身分取扱について，必要な措置を講ずるよう勧告できる。

5　○　正しい。公有財産に関する総合調整権。

正解　4

Q117 ★★ 長の担当事務①

長の担当事務に関する記述として，正しいものはどれか。

1　普通地方公共団体の長の担当する事務は，議会の議決事件と同様に，自治法に制限列挙されている。
2　議会の議案提出権を有するものは，議会の議員，委員会と長のみであり，長以外の執行機関には議案提出権がない。
3　地方公共団体の長は，当該団体のすべての予算を調製し，執行する権限を有している。
4　地方公共団体の長は，決算を調製し，監査委員の意見をつけ議会の認定に付す権限を有している。
5　地方公共団体の長は，当該団体のすべての財産を取得し，管理し，処分する権限を有している。

Q118 ★★ 長の担当事務②

長の担任事務に関する①～⑤の記述のうち，妥当なものを選んだ組合せはどれか。

①　学校その他の教育機関の用に供する財産の管理に関すること。
②　予算を調整し，及びこれを執行すること。
③　会計を監督すること。
④　決算を普通公共団体の議会の認定に付すること。
⑤　支出負担行為に関する確認を行うこと。

1　①②④
2　①③④
3　①③⑤
4　②③④
5　②④⑤

A 117 正解チェック欄 1回目 2回目 3回目

1　×　法149条に概括列挙されている。

2　○　正しい（法112条①，149条Ⅰ）。一定の議案について，委員会も可能となった（法109条⑥）。

3　×　予算の調製権，執行権は長に専属する（法112条①，149条Ⅱ，180条の6Ⅰ）。ただし，地方公営企業については，予算の調製，執行について特例がある。地方公営企業の管理者は予算の原案を作成し地方公共団体の長に送付すること，契約を結ぶこと，一時借入をすること等が認められている（地公企法9条Ⅲ，Ⅷ，Ⅹ）。

4　×　決算の調製は，地方公営企業を除き，会計管理者が行う（法170条②Ⅶ）。長は決算を監査委員の審査に付し，議会の認定に付す（法233条②，③，地公企法30条）。

5　×　例外として，地教行法21条Ⅱの「学校その他の教育機関の用に供する財産（…教育財産…）の管理に関すること」，地公企法9条7号の「当該企業の用に供する資産を取得し，管理し，及び処分すること」等がある。

正　解　2

A 118 正解チェック欄 1回目 2回目 3回目

①　×　教育委員会の管理，執行するものとして「学校その他の教育機関の用に供する財産の管理」がある（地教行法21条Ⅱ）。

②　○　正しい（法149条Ⅱ）。

③　○　正しい（法149条Ⅴ）。

④　○　正しい（法149条Ⅳ）。

⑤　×　支出負担行為は会計管理者等の職務権限である（法170条②Ⅵ）。

正　解　4

Q119 ★★ 長の役割

地方公共団体の長の権限に関する記述として，誤っているものはどれか。

1　長は，その地方公共団体を統轄し，これを代表する。その基本的な権限として統括代表権を持つものとされている。
2　長は，統括代表権を有していても，他の執行機関に対する指揮監督権は認められない。
3　代表権の範囲を越えてなされた長の行為について，長の越権行為があった場合は，民法の規定が類推適用される。
4　長は，内部統制に関する方針を定め，これに基づき必要な体制を整備しなければならない。
5　長は，決算の認定に関する議案が否決された場合において，当該議決を踏まえて必要と認める措置を講じたときは，速やかに，当該措置の内容を議会に報告するとともに，これを公表しなければならない。

Q120 ★★ 長の補助執行等

長の補助執行等に関する記述として，正しいものはどれか。

1　補助執行とは，長の権限を内部的に補助し執行させることであり，都道府県知事は市町村の職員に補助執行させることができる。
2　長の事務を，当該地方公共団体の委員会又は委員の事務を補助する職員に，補助執行させることはできない。
3　長の補助機関に最終の意思決定を行わせ，対外的な表示は長の名をもって行うことを，専決・代決という。
4　補助執行における専決・代決の代決とは，長の在・不在を問わず上司の補助機関が決定するものをいう。
5　補助執行における専決・代決の専決とは，議会が開催されないとき，あるいは議会の委任により決定するものをいう。

119　正解チェック欄　1回目 □　2回目 □　3回目 □

1　○　正しい（法147条）。

2　○　正しい。長は，他の執行機関に対し，任命権，予算の調製執行権，条例の提案権は有するが，指揮監督権は持たない（法180条の4，221条，238条の2）。

3　○　正しい。判例・通説では，長の越権行為に対し，民法の表見代理（民法110条）を類推適用し，相手方の利益保護を図っている（最判昭39.7.1）。

4　×　整備しなければならないのは，都道府県知事及び指定都市の長であり，その他の長は，努力義務（法150条①，②，令和2年4月1日施行）。

5　○　正しい（法233条⑦）。

正解　4

A 120　正解チェック欄　1回目 □　2回目 □　3回目 □

1　×　後段の部分を定めていた旧法153条3項は，平成11年の法改正により削除されている。

2　×　法180条の2により委員会又は委員と協議することにより可能である。

3　○　ここでいう専決・代決は法令上使用されている用語ではない。法令上，明文の規定はなく，行政運営上の慣習あるいは措置とみられるものである。

4　×　代決とは，長が不在の場合に補助機関が決定するものをいう。設問に該当するものは専決である。

5　×　設問の説明は法179条，180条の専決処分であり，これらの専決処分は，単なる内部的な委任にとどまらず，議決機関の権限に属する事項を，特定の場合に，執行機関である普通地方公共団体の長が，自らの権限として，自らの名において処分するという点で，補助執行における専決とは異なるものである。

正解　3

Q121 ★★ 副知事及び副市町村長①

副知事及び副市町村長に関する記述として，妥当なものはどれか。

1　長は，副知事及び副市町村長に一般事務職員の職務を行わせる必要が臨時に生じた場合であっても，その職務の事務取り扱いを命ずることはできない。

2　長は，任期中であっても議会の同意があれば，副知事及び副市町村長を解職することができる。

3　長の職務を代理する副知事及び副市町村長が退職しようとするときは，その退職しようとする日前20日までに，当該普通地方公共団体の議会の議長に申し出なければならない。

4　長は，定数条例を廃止して副市町村長を置かないことができるが，この場合は新たに副市町村長を置かない旨の条例を制定する必要はない。

5　副知事及び副市町村長は，当該普通地方公共団体に対し，請負をした場合，又は請負をする法人の無限責任社員，取締役，執行役もしくは監査役となったときは当然に失職する。

Q122 ★★ 副知事及び副市町村長②

副知事及び副市町村長に関する記述として妥当なものはどれか。

1　副知事及び副市町村長は，長を補佐するスタッフであり，長の補助機関である職員の担任する事務を監督することはできない。

2　副知事及び副市町村長の定数は条例で定めるが，条例により副知事及び副市町村長を置かないことができる。

3　副知事及び副市町村長は，長を補佐する最高の補助機関であり，長は副知事及び副市町村長を選任するにあたり議会の同意を得る必要はない。

4　副知事及び副市町村長は，任期が法定されており，その任期中は，長は任意に副知事及び副市町村長を解職することはできない。

5　副知事及び副市町村長が兼業禁止の規定に違反する場合，長は自らの裁量により副知事及び副市町村長を解職するか否かを決めることができる。

 121 正解チェック欄 1回目 □ 2回目 □ 3回目 □

1　×　兼職はできないが，事務の取り扱いはできる（法166条②，行実昭27.9.2）。

2　×　議会の同意を得ずに解職できる（法163条）。

3　○　正しい（法165条）。

4　×　副知事又は副市町村長を置かない場合は，必ず条例の制定を必要とする（法161条①）。

5　×　長は，副知事又は副市町村長が法142条の規定に該当するときは，これを解職しなければならない（法166条③）。

正 解　3

 122 正解チェック欄  1回目 □ 2回目 □ 3回目 □

1　×　副知事及び副市町村長は，長の最高の補助機関であることから，それ以外の職員の事務に対する監督権限をもつ（法167条①）。

2　○　法161条。

3　×　議会の同意は選任の有効要件であり，議会の同意しない者を選任することは許されない（法162条）。

4　×　4年の任期が定められているが，長との間に常に信任関係を保つ必要があるため，長は任期中であっても一方的に解職できる（法163条）。

5　×　長は，副知事又は副市町村長が法142条の規定に該当するときは，これを解職しなければならない（法166条③）。

正 解　2

Q123 ★★ 長の補助機関①

長の補助機関に関する記述として妥当なものはどれか。

1　都道府県の支庁若しくは地方事務所又は市町村の支所の長は，常勤の特別職であり，事務職員及び技術職員の中から充てられる。

2　専門委員は，長により選任される常勤の特別職であり，その選任については議会の同意を必要とする。

3　出納員は，会計管理者により任命される一般職であり，すべての普通地方公共団体に設置が義務づけられている。

4　会計管理者は，普通地方公共団体の会計事務をつかさどる一般職であり，その選任については議会の同意を必要としない。

5　普通地方公共団体の長の職務を代理する副知事又は副市町村長が退職しようとするときは，その退職しようとする日前20日までに，当該普通地方公共団体の長に申し出なければならない。

Q124 ★★ 長の補助機関②

市町村の長の補助機関に関する記述について，誤っているものはどれか。

1　副市町村長は，長が発案し，議会の同意を得て選任するが，議会は諾否の権限と合わせ修正権も保有している。

2　長は，副市町村長の任期中においても解職できるが，この場合議会の同意は必要とされていない。

3　副市町村長は，長の命を受け政策及び企画をつかさどり，その補助機関である職員の担任する事務を監督する。

4　副市町村長は，長の権限に属する事務の一部について委任を受け，事務を執行するが，（その場合）長は直ちに告示しなければならない。

5　長に事故があるとき，又は長が欠けたときは，副市町村長がその職務を代理するが，副市町村長にも事故があるとき若しくは置かないときは，その補助機関である職員のうちから長の指定する職員がその職務を代理する。

 123 正解チェック欄

1回目 □ 2回目 □ 3回目 □

1　×　都道府県の支庁若しくは地方事務所又は市町村の支所の長は，常勤の一般職であり（地公法３条②），長の補助機関である職員をもって充てる（法175条①）。

2　×　専門委員は，非常勤の特別職であり，普通地方公共団体の長が選任するが，議会の同意は不要である（法174条，地公法３条③Ⅲ）。

3　×　出納員は，普通地方公共団体の長が任命するが，町村においては出納員を置かないことができる（法171条①，②）。

4　○　長が補助機関である職員のうちから任命する。（法170条①，168条②）。

5　×　当該普通地方公共団体の議会の議長に申し出なければならない（法165条①）。

正解　4

A 124 正解チェック欄

1回目 □ 2回目 □ 3回目 □

1　×　選任同意議決の発案権は長に専属し，議会の権限は同意又は不同意に限られ修正権は持たないと解されている（法162条，行実昭25.9.5）。

2　○　長との間に常に信任関係を保つ必要があるため，長は一方的に解職でき，この場合議会の同意は不要と解されている（法163条）。

3　○　法167条①。

4　○　法167条②，③。

5　○　法152条①，②。

正解　1

Q125 ★★ 長の補助機関③

長の補助機関について，誤っているものはどれか。

1　副知事及び副市町村長は，長が議会の同意を得て選任し，その任期は共に4年であるが，長はいつでも，それらを解職できる。

2　副知事又は副市町村長は，当該普通地方公共団体が参加する広域連合の議会の議員又は長その他の職員と兼ねることができない。

3　副知事及び副市町村長は，検察官，警察官若しくは収税官吏又は普通地方公共団体の公安委員会の委員と兼ねることができない。

4　会計管理者は，長の補助機関である職員のうちから長が命ずる。

5　長を補助する職員の定数は条例で定めるが，臨時又は非常勤の職員は除かれる。

Q126 ★ 附属機関①

附属機関の記述について妥当なものはどれか。

1　普通地方公共団体の長は，普通地方公共団体の事務の執行について，条例又は規則により附属機関を設置することができる。

2　附属機関は，執行機関の附属機関として，法律，政令又は条例の定めるところにより，調停，審査，審議又は調査等を行う。

3　附属機関を組織する委員その他の構成員は，原則として非常勤であるが，条例で定めれば一部の委員等を常勤にできる。

4　長からの諮問，依頼に基づいて，執行機関の補助職員のみで調査会，審査会等を組織されたものは，附属機関に該当する。

5　附属機関の委員等には，行政委員会の委員に準じ，兼職及び兼業の禁止の規定が適用される。

A 125 正解チェック欄 1回目 2回目 3回目

1　○　副知事及び副市町村長の任期は４年とするが，長はいつでも解職できる（法163条）。

2　×　法166条②の規定にかかわらず兼ねることができる（法291条の４④）。

3　○　法166条①。

4　○　法168条②。

5　○　法172条①，③。

正解　2

A 126 正解チェック欄 1回目 2回目 3回目

1　×　附属機関は，法律又は条例により調停，審査，諮問又は調査を行うために設置されるもので，規則で設置することはできない（法138条の４③）。

2　○　法202条の３①。

3　×　附属機関の構成員は，非常勤の職員とされる（法202条の３②）。条例で常勤とすることはできない。

4　×　法律又は条例に基づかない私的諮問機関や補助職員により構成された調査会等は，附属機関に該当しない。

5　×　附属機関の委員等は非常勤であり，報酬及び費用弁償を受ける（法203条の２①，③）が，兼職及び兼業禁止の規定の適用はない（地公法３条③Ⅱ，４条②）。

正解　2

Q127 ★ 附属機関②

地方公共団体の附属機関について妥当なものはどれか。

1　附属機関は，自ら行政を執行する機関である。

2　附属機関は，法律又は政令の定めるところによってのみ設置される。

3　地方公共団体は，条例で定めればすべての執行機関に附属機関を設置できる。

4　附属機関の設置は，地方公共団体の任意であり，法律に基づいて設置が義務づけられている機関はない。

5　附属機関は，非公務員である民間人を主たる構成員とし，行政機関には属さない。

Q128 ★ 附属機関③

附属機関について妥当なものはどれか。

1　附属機関の構成員は，条例の定めるところにより常勤又は非常勤とすることができる。

2　附属機関は，調査や調停を行うための機関であることから，直接住民に対して執行する権限を有している。

3　附属機関は，執行機関の一部であることから，議決機関である議会の議員が委員となることは，違法である。

4　附属機関の庶務事務は，原則として執行機関の事務局がとるが，附属機関に事務局を設置することができる。

5　執行機関の長は，附属機関の長又は委員となることができる。

127 正解チェック欄 1回目 2回目 3回目

1　×　附属機関は，自ら行政を執行する機関ではない（法138条の4③，法202条の3）。

2　×　附属機関は法律又は条例の定めるところにより設置される（法138条の4③）。

3　○　法138条の4③ただし書の規定により政令で定める執行機関には附属機関を設けることができないとされているが，現在政令で定められた執行機関はない。

4　×　附属機関は，法律により設置しなければならないもの（自治紛争処理委員，市町村防災会議など）と，地方公共団体が条例で任意に設置できるものがある。

5　×　附属機関は，法律，政令，条例により設置するもので普通地方公共団体の執行機関の担任事項について調停，審査，審議又は調査等を行うために設置される行政機関である（法202条の3①）。

正解　3

A 128 正解チェック欄 1回目 2回目 3回目

1　×　法202条の3②により非常勤とするとされている。

2　×　附属機関は，調査や調停も行う機関であるが，行政執行の権限はないから，直接住民に対して執行する権限は有しない。

3　×　附属機関は，執行機関の執行の前提として審査，調査等を行う機関であることから，議会の議員を加えても違法ではないが，議会の厳正な監視機能の発揮と住民の参画を拡充するため法令に定めるものを除き，議員の参画を見直している。

4　×　法律又は政令に特別の定めがあるものを除く外，附属機関の庶務はその属する執行機関が掌るものとする（法202条の3③）。

5　○　執行機関の長が，当該執行機関の附属機関の長又は委員となることは，さしつかえない（行実昭33.3.12）。

正解　5

Q129 ★ 附属機関④

附属機関に関する記述として妥当なものはどれか。

1 附属機関は，執行機関の行政執行の前提として，必要な調停，審査，調査等を行うものであり，直接住民を対象とした執行権を有しない。

2 附属機関は，専門技術的見地からの調査，公正中立の立場からの審議を行うことを目的としており，住民意思の反映を目的として設置することはできない。

3 附属機関は，執行機関に設けられるものではなく，独立して設置されるものであり，附属機関の意思は，原則として執行機関を法的に拘束しない。

4 附属機関は，地方公共団体が条例で任意に設置することはできず，その設置については法律の具体的根拠を必要とする。

5 附属機関は，非常勤の委員で構成され，庶務については原則として，附属機関に事務局を置いて自ら処理する。

Q130 ★ 行政委員会制度①

行政委員会に関する記述として，妥当なものはどれか。

1 行政委員会は，公正中立な措置を重んずるための合議制の諮問機関であり，議会に設置される。

2 行政委員会は，議会の議決による指名に基づき議長が任命する複数の委員から構成される。

3 行政委員会は，長の所轄のもとに置かれ，長の指揮監督のもとにその権限を行使する。

4 行政委員会は，自らの予算の調製及び執行並びに自らの所管に属する事項に関する議案の議会への提出を行う権限を有しない。

5 行政委員会は，行政執行の前提として，必要な審査及び調査を行う機関であり，自ら行政を執行することはできない。

A 129 正解チェック欄 1回目 2回目 3回目

1 ○ 附属機関は，執行機関とは異なり，住民に対して執行権を有せず，行政執行の前提となる調査，調停等を行う機関である（法138条の4③）。

2 × 附属機関は，専門技術的見地から審査，諮問等を行うとともに，住民意思の反映をも目的としている。

3 × 法138条の4③は，法律又は条例の定めるところにより執行機関に附属機関を置くことができるとしている。また，附属機関の意思について，執行機関は尊重するが，法的に拘束されない。

4 × 法138条の4③により，条例に定めれば任意に附属機関を設置することができる。

5 × 附属機関を組織する委員その他の構成員は，非常勤とする（法202条の3②）。また庶務については，法律又はこれに基づく政令に特別の定めがあるものを除く外，その属する執行機関が担当するものとする（同条③）。

正解 1

A 130 正解チェック欄 1回目 2回目 3回目

1 × 執行機関として，委員会又は委員が法律によって設置される（法138条の4①）。委員会は，合議制の執行機関であり，監査委員は独任制の執行機関である。

2 × 各行政委員会により選任方法は異なるが，議会の議長が任命するものはない。

3 × 行政委員会は，長の所轄のもとに置かれる（法138条の3①）が，その権限に属する事務を管理執行するにあたっては，自らの判断と責任において行うことを義務づけている（法138条の2）。

4 ○ 行政委員会は，独立の職務権限をもつが，予算の調製・執行権，議案提出権はない（法180条の6）。

5 × 行政委員会は，普通地方公共団体の執行機関である（法138条の4①）。設問の表現は附属機関の説明である。

正解 4

Q131 ★ 行政委員会制度②

行政委員会に関する記述として，妥当なものはどれか。

1　行政委員会は，事務局等の組織，職員の定数，身分取扱等の内部管理事項について，独立性が保障されており，長は総合調整権をもってこれに関与することはできない。

2　行政委員会は，議会の議決を経べき事件について，法律に特別の定めがあるものを除く外，議案を提出することはできない。

3　行政委員会は，その担任する事項について審査，審議又は調査研究を行う長の附属機関である。

4　行政委員会は，その権限に属する事務について，長の補助機関に委任し又は補助執行させることはできない。

5　行政委員会は，地方公共団体の機関として独自の権限を義務付けられているので，市町村間において共同設置することはできない。

Q132 ★ 行政委員会制度③

行政委員会に関する記述として妥当なものはどれか。

1　行政委員会は，長の附属機関であるが，長から委任を受けた特定の事務について，長から独立して執行する権限を有する。

2　行政委員会は，長からの独立性を確保するため，その委員は議会によって任命され，長によって任命されることはない。

3　行政委員会は，予算の調製及び議案の提出権限を有しておらず，行政委員会に関するこれらの権限は，長が行使する。

4　行政委員会は，その事務局の運営に関して独立した権限を有しており，これらの運営に関する事項について，長は勧告することができない。

5　行政委員会は，独自の事務局を有しており，長の補助機関である職員が行政委員会の事務局の職員を兼ねることはできない。

A 131 正解チェック欄 1回目 2回目 3回目

1　×　長は，各執行機関に関する総合調整権に基づき，組織，定数，身分取扱について，必要な措置を講ずべきことを勧告することができる（法180条の4①）。

2　○　議案提出権は，長が統一的に行使することで責任の所在を明確にする必要がある。行政委員会は，議案を提出する権限を有しない（法180条の6Ⅱ）。また，現在法律の特別の定めはない。

3　×　行政委員会は執行機関である（法138条の4①）。

4　×　法は執行機関の多元主義をとっているが，組織の効率的運営のためには，長と行政委員会との相互で協議し，権限を委任し，又は補助執行できることとしている（法180条の7）。

5　×　事務の広域化等に伴い，共同処理する必要に対応するため，機関又は職員等の共同設置を認めている（法252条の7①）。行政委員会の共同設置も認められている。

正解　2

A 132 正解チェック欄 1回目 2回目 3回目

1　×　行政委員会は，長から独立した執行機関である（法138条の4①）。

2　×　議会の選挙により選任する選挙管理委員（法182条①）等の場合以外は，ほとんどが議会の同意を得て長が任命する。

3　○　行政委員会は，これらの権限を有していない（法180条の6Ⅰ，Ⅱ）。

4　×　各執行機関に関する長の総合調整権の一環として，長の勧告権が認められている（法180条の4①）。

5　×　組織を効率的に運営するため，長の補助機関である職員が，行政委員会の事務局の職員を兼ねることができる（法180条の3）。

正解　3

Q133 ★ 行政委員会制度④

行政委員会について妥当な組合せはどれか。

行政委員会のうち，（A）は普通地方公共団体に置かなければならないもの，（B）は都道府県に置かなければならないもの，（C）は市町村に置かなければならないものである。

	(A)	(B)	(C)
1	教育委員会	収用委員会	公平委員会
2	教育委員会	公安委員会	農業委員会
3	収用委員会	人事委員会	固定資産評価審査委員会
4	労働委員会	選挙管理委員会	人事委員会
5	監査委員	選挙管理委員会	教育委員会

Q134 ★ 行政委員会制度⑤

行政委員会の委員について妥当なものはどれか。

1　行政委員会の委員は，すべて非常勤であり，地方公務員法では特別職にあたる。

2　行政委員会の委員のうち，選挙管理委員，監査委員，公安委員会の委員については，解職請求の対象である。

3　行政委員会の委員は，当該地方公共団体に対して請負関係に立つことは一切，禁止されている。

4　行政委員会の委員は，民主的かつ中立的に職務を執行する必要から，すべての委員が住民による解職請求の対象となっている。

5　行政委員会は，公正中立な措置を重んずるため，すべて合議制の機関として組織される。

 **133** 正解チェック欄 1回目 □ 2回目 □ 3回目 □

(A) 普通地方公共団体に置かなければならない委員会及び委員（法180条の５①）

教育委員会，選挙管理委員会，人事委員会又は公平委員会，監査委員

(B) 都道府県に置かなければならない委員会（法180条の５②）

公安委員会，労働委員会，収用委員会，海区漁業調整委員会，内水面漁場管理委員会

(C) 市町村に置かなければならない委員会（法180条の５③）

農業委員会，固定資産評価審査委員会

正 解　2

 **134** 正解チェック欄 1回目 □ 2回目 □ 3回目 □

1　×　監査委員（法196条④，⑤），人事委員会の委員（地公法９条の２⑪）を除く行政委員会の委員は，全員が非常勤となっており（法180条の５⑤），地公法３条③Ⅱの特別職にあたる。

2　○　選挙管理委員，監査委員，公安委員会の委員については解職請求の対象となる（法13条②）。また，教育委員会の教育長，委員も同様である（法13条③）。

3　×　行政委員会の委員は，「その職務に関して」当該地方公共団体と請負関係に立つことが禁止され，その違反行為は失職事由となる（法180条の５⑥，⑦）。

4　×　解職請求の法の定めについては２の解説参照。一例として海区漁業調整委員会の委員の解職請求は一般住民の権利となっていない（漁業法144条①，②）。公安委員会の委員も同様（警察法41条⑥）。

5　×　行政委員会は，合議制の執行機関として組織され，公正中立な職務執行にあたるよう配慮されているが，監査委員は独任制の機関とされている。

正 解　2

135 ★ 行政委員会制度⑥

行政委員会又は委員と長との関係に関する記述として妥当なものはどれか。

1　委員会又は委員は，それぞれ長から独立した職務権限を有しており，その所管する事務について，予算を調製することができ，また手数料を徴収することができる。

2　委員会又は委員は，それぞれ長から独立した職務権限を有しているが，その所管する事務について，予算を調製することができず，また議会に議案を提出することができない。

3　委員会又は委員は，長の附属機関としての職務権限がそれぞれ付与されており，その所管する事務について，予算を調製することはできるが，議会に議案を提出することはできない。

4　委員会又は委員は，長の補助機関であるので，その所管する事務について，議会に議案を提出することはできるが，手数料を徴収することはできない。

5　委員会又は委員は，その所管する事務について，予算を調製することはできないが，これを執行することはできる。

136 ★ 行政委員会制度⑦

長と行政委員会との関係に関する記述として妥当なものはどれか。

1　長は，行政委員会に対する指揮監督権に基づき，その事務局職員の定数に関し必要な措置を講ずべきことを命令することができる。

2　長は，長の事務部局の職員を行政委員会の事務を補助する職員と兼務させて職務を行わせることはできない。

3　行政委員会は，議会に議案を提出する権限を有するが，分担金又は加入金を徴収する権限は長に留保されている。

4　行政委員会は，当該地方公共団体の全体に一律に適用される事項について，規則その他の規程を定めようとする場合には，あらかじめ長に協議しなければならない。

5　行政委員会は，長から委任された場合に限り公有財産を取得する権限を有し，公有財産の取得に当たっては，あらかじめ長に協議しなければならない。

135 正解チェック欄 1回目 2回目 3回目

1　×　委員会又は委員は，予算の調製権（法180条の6Ⅰ）を有しない。手数料については，法180条の2の規定による委任があれば徴収できる。

2　○　法180条の6Ⅰ，Ⅱ。

3　×　委員会又は委員は，長から独立した執行機関であり，長の附属機関ではない（法138条の4①）。また予算の調製権はない。

4　×　委員会又は委員は，長から独立した執行機関であり，長の補助機関（法161条以下）ではない。また議案提出権はない。手数料の徴収については1の解説参照。

5　×　委員会又は委員は，予算の調製権，執行権は有しない（法180条の6Ⅰ）が，執行については長が行政委員会又は委員に委任できる（法180条の2）。

正解　2

A 136 正解チェック欄 1回目 2回目 3回目

1　×　法180条の4①。各執行機関に関する長の総合調整権の一環として，法は組織，定数，身分取扱に関する長の勧告権は認めている。

2　×　法180条の3。行政委員会の自主性，独立性を侵害しない限度において，長の事務部局の職員を兼務，事務従事，充て職等の方法で従事させることができる。

3　×　行政委員会は，分担金，加入金の徴収権だけでなく，議案提出権も有しない（法180条の6Ⅱ，Ⅲ）。

4　×　行政委員会は，その権限に属する事務に関し，当該地方公共団体の条例，規則に違反しない限りにおいて規則その他の規程を独自に定めることができる（法138条の4②）。

5　○　財産の取得は長の専権に属する（法149条Ⅵ）が，行政委員会が長の委任を受けて（法180条の2），財産の取得を行うことができる。この場合あらかじめ長に協議しなければならない（法238条の2②）。

正解　5

Q137 ★ 行政委員会制度⑧

長と行政委員会の関係について妥当なものはどれか。

1　長は，長の専権に属する予算の調製及び執行について，行政委員会に委任することができる。

2　長は，行政委員会の所管に属する事務の議案を提出するときはあらかじめすべての行政委員会に協議しなければならない。

3　長は，専権に属する事務の一部を行政委員会に委任することができるが，逆に行政委員会も当該権限の事務の一部を長に委任することもできる。

4　長は，当該団体を統括することから，行政委員会に対して必要な措置を講ずべく勧告し，指揮監督することができる。

5　長は，行政の一体性の確保を図るため，行政委員会が当該事務の執行を怠るときは，その事務を代わって行うことができる。

Q138 ★ 行政委員会制度⑨

長と行政委員会の関係について妥当なものはどれか。

1　長は，行政委員会と協議して，その権限に属する事務の一部を当該委員会の補助機関に委任できるが，補助執行させることはできない。

2　公安委員会は，長と協議して，その権限に属する事務の一部を長の補助機関に補助執行させ又は委任することができる。

3　行政委員会が組織，定数等について規則，規程の制定，改正をしようとするときは，長の許可が必要である。

4　行政委員会は，長と協議して当該委員会の所掌事務に係る議決事件の提案ができる。

5　長と行政委員会が職員を融通する制度には，兼務，事務従事及び充て職の制度がある。

137　正解チェック欄　1回目　2回目　3回目

1　×　予算の執行については，事務の能率的処理を図るため，長が行政委員会と協議して法180条の２の規定による委任があればできる。予算の調製は委任できない（法149条Ⅱ，180条の６Ⅰ）。

2　×　長は歳入歳出予算のうち教育に関する事務に関る部分その他特に教育に関する事務について議会の議決を経る場合は教育委員会の意見をきかなければならない（地教行法29条）が，他の行政委員会については，長はあらかじめ協議する必要はない（法180条の６Ⅱ）。

3　○　法180条の２で長の権限事務の委任及び補助執行を，また法180条の７により行政委員会又は委員の権限事務を長に委任できるよう定めている。

4　×　長は，組織，職員の定数，身分取扱について，必要な措置を講ずべきことを勧告できる（法180条の４①）が，行政委員会に対する指揮監督権は有しない。

5　×　長から独立した執行機関として行政委員会が設置されていることから，長が事務を行政委員会に代わって行うことは認められていないが，長には総合調整権がある。

正　解　3

138　正解チェック欄　1回目　2回目　3回目

1　×　長は，行政委員会と協議して委員会，委員長，委員，補助職員に，その権限に属する事務の一部を委任又は補助執行させることができる（法180条の２）。

2　×　公安委員会については例外がある（法180条の７ただし書，令133条の２）。

3　×　行政委員会が事務局の組織，定数，職員の身分取扱等で令132条に規定するものに関し，規則又は規程の制定，変更を行う場合は，あらかじめ長と協議すべきものとされている（法180条の４②）。

4　×　行政委員会は，議決事件の提案権を有しない（法180条の６Ⅱ）。

5　○　長の補助機関である職員を行政委員会の職員として仕事をさせる方式には，兼職，事務従事，充て職の形態がある（法180条の３）。

正　解　5

Q139 ★ 行政委員会制度⑩

行政委員会制度について妥当なものはどれか。

1　行政委員会制度は，ドイツの独立規制委員会の制度を範として，行政の能率的執行を目的として戦後導入された。

2　普通地方公共団体の委員会又は委員は，その権限に属する予算の調製及び執行をすることができる。

3　行政委員会は，行政の執行権のみを行使する。

4　行政委員会は，長から独立して職権を行使し，長は行政委員会の職務執行に関して指揮監督権を有しない。

5　行政委員会の委員は，長から独立して職権を行使する独任制の行政機関である。

Q140 ★ 監査委員①

監査委員に関して妥当なものはどれか。

1　監査の結果に関する報告を決定し又は報告に添えて意見を提出する場合に，監査委員の定数が3人以上であるときは，その合議による。

2　識見を有する者のうちから選任される監査委員は，すべて常勤とされる。

3　監査委員は，財務に関する事務の執行及び経営に係る事業の管理を監査する。

4　長は，監査委員に心身の故障があり職務の遂行に堪えないとき，職務上の義務違反等の非行があるときには，直ちに罷免することができる。

5　代表監査委員は，議員のうちから選任された監査委員が充てられる。

A 139 正解チェック欄 1回目 2回目 3回目

1　×　行政委員会は，アメリカで発達した独立規制委員会の制度を，戦後導入したものである。その目的は，権力の集中を排除し住民参加による民主的な行政運営を確保すること等にある。

2　×　予算の調製，執行は長の権限であり（法149条Ⅱ），行政委員会にはその権限はない（法180条の６Ⅰ）。

3　×　行政委員会は，行政権限のほか，職務の独立性を確保するため，準立法的権限（規則制定権，法138条の４②）及び準司法的権限（審査請求の裁決権など）をあわせもつ場合が多い。

4　○　政治的中立性を確保する観点から長の影響を排するために，行政委員会は長の指揮監督を受けない（法138条の４①）。

5　×　行政委員会は，通常複数の委員により構成される合議制の行政機関である。なお，監査委員は独任制の執行機関でもあるが，通例，行政委員会に含めて考えられる。

正解　4

140 正解チェック欄 1回目 2回目 3回目

1　×　監査委員の報告の決定，意見の決定又は勧告の決定は，監査委員の定数に関係なく合議によるものとする（法199条⑫，勧告の決定の規定は令和２年４月１日施行）。

2　×　人口25万未満の市と町村では，常勤を置くことは任意である（法196条⑤，令140条の４）。

3　○　定例監査（法199条①，③，④）。

4　×　監査委員を罷免するには，委員会での公聴会を経て議会の同意が必要である（法197条の２①）。

5　×　監査委員は識見を有する者のうちから選任される監査委員の１人を，定数が２人の場合にあっては識見を有する者のうちから選任される監査委員を代表監査委員としなければならない（法199条の３①）。

正解　3

Q141 ★ 監査委員②

監査委員に関して妥当なものはどれか。

1　監査委員は，自己若しくは父母，配偶者等の地方自治法の定める血縁の一身上に関する事件についてのみ監査することができない。

2　当該普通地方公共団体から財政的援助を受けている団体の監査は，長から請求がない限り，監査委員は行うことができない。

3　監査委員は，衆議院議員，参議院議員及び地方公共団体の常勤の職員と兼ねることはできない。

4　監査委員である者が経営する会社が，当該普通地方公共団体との間で，保育園の建設を請け負った場合は，当然に失職する。

5　監査委員は，普通地方公共団体の財務に関する事務の執行及び普通地方公共団体の経営に係る事業の管理についてのみ監査する。

Q142 ★ 監査委員③

監査委員に関する記述として妥当なものはどれか。

1　監査委員は，当該普通地方公共団体の常勤の職員と兼ねることができ，兼任した場合，一般職の地方公務員として地方公務員法の適用を受ける。

2　監査委員は，監査の結果を公表する義務はないが，議会からの要請があれば，監査の結果を公表しなければならない。

3　監査委員は，監査対象が限定されており，補助金を与えている団体の当該補助金にかかる事務の執行については，監査することはできない。

4　監査委員は，議会の監査請求又は事務監査請求による監査結果の報告に添えて監査委員の意見を議会に提出できるが，当該意見の内容は公表しなくてもよい。

5　監査委員は，独任制の機関であるが，監査の結果に関する報告は，その合議で決定する。

A 141 正解チェック欄 1回目 2回目 3回目

1　×　設問のほか，自己若しくはこれらの者の従事する業務に直接利害関係のある事件についても監査できない（法199条の２）。

2　×　長の要求があった場合のほか，監査委員が必要があると認める場合に，監査を行うことができる（法199条⑦）。

3　○　衆議院議員，参議院議員（法201条），常勤職員及び短時間勤務職員（法196条③）と兼ねることはできない。

4　×　法180条の５⑥の兼業禁止規定における「その職務に関し」という要件の解釈により，当然には失職しない。

5　×　監査委員は，必要があると認めるときは，普通地方公共団体の事務の執行についても監査をすることができる（法199条②）。

正　解　3

A 142 正解チェック欄

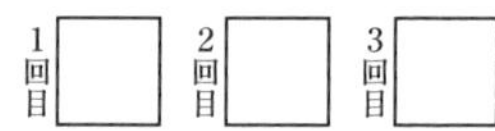

1　×　監査委員は，地方公共団体の常勤の職員及び短時間勤務職員と兼ねることができない（法196条③）から，一般職ではなく，地方公務員法の適用は受けない。

2　×　監査委員は，議会からの要請の有無に関わらず，監査結果を公表しなければならない（法199条⑨）。

3　×　普通地方公共団体が補助金，交付金，負担金，貸付金，損失補償等の財政的援助を与えているもの等に対する監査を行うことができる（法199条⑦）。

4　×　監査委員は，監査の結果に関する報告に添えてその意見を提出することができるが，当該意見の内容を公表することが義務となった（法199条⑩，令和２年４月１日施行）。

5　○　監査の結果に関する報告の決定又は意見の決定は，定数に関係なく監査委員の合議によるものとする（法199条⑫）。

正　解　5

Q143 ★ 監査委員④

監査委員の監査に関する記述として妥当なものはどれか。

1　監査の目的は，不正，非違を摘発，是正することであり，普通地方公共団体の運営の合理化，効率化を図ることではない。

2　監査は，普通地方公共団体が財政的援助を与えているもののみを対象とし，毎会計年度少なくとも5回以上期日を定めて行われる。

3　監査委員は，普通地方公共団体の財務に関する事務の執行について監査をした場合，その監査結果を公表してはならない。

4　監査委員は，必要があると認めるときは，普通地方公共団体の事務の執行について，政令で定めるものを除き監査することができる。

5　監査委員は，監査のため必要があるときでも，原則として関係人の出頭を求めたり，関係人について調査したりすることはできないが，学識経験を有する者等から意見を聴くことはできる。

Q144 ★ 監査委員⑤

監査委員に関する記述として妥当なものはどれか。

1　監査委員は，長から監査の要求があったときは，一部事務組合の事業の管理を監査することができる。

2　監査委員が監査することのできないのは，自己の一身上に関する事件又は自己の従事する業務に直接の利害関係のある事件のみである。

3　監査委員は，毎会計年度少なくとも1回以上期日を定めて，当該普通地方公共団体の財務に関する事務の執行及び経営に係る事業の管理を監査しなければならない。

4　監査委員は，当該普通地方公共団体の会計管理者と兄弟姉妹の関係にある者は，選任されることができず，選任後この関係が生じたときは，直ちに失職はしないが任期満了後に再任されることができない。

5　監査委員は，当該普通地方公共団体が出資している団体については，すべての事務の執行を監査することができる。

 143 正解チェック欄 1回目 2回目 3回目

1　×　監査の目的は，不正，非違を摘発，是正することだけではなく，普通地方公共団体の運営の妥当性，適法性を保障し，更に合理化，効率化を図ることにある（法199条③）。

2　×　財政的援助を与えているもの等の監査は，監査委員が必要と認めるとき又は長の要求があるときに行う（法199条⑦）。

3　×　監査委員は監査を行った場合，その結果を関係機関に報告し，かつ公表しなければならない（法199条⑨）。

4　○　監査の対象は，普通地方公共団体の事務であるが，政令で定めるものは除かれる（法199条②，令140条の５）。

5　×　監査委員は必要があると認めるときは，関係人の出頭を求め，関係人について調査し，帳簿，書類その他の記録の提出を求めることができる。また学識経験を有する者等から意見を聴くことができるとされている（法199条⑧）。

正解　4

 144 正解チェック欄 1回目 2回目 3回目

1　×　一部事務組合の事業の管理については，長の要求があっても監査の対象とはならない（行実昭27.6.10，法287条①Ⅵ，287条の２⑪）。

2　×　監査の公正な執行を期すために，自己のほか，一定の身分関係のある場合につき，監査執行上の除斥規定を置いている（法199条の２）。

3　○　定例監査に関する説明である（法199条①，④）。

4　×　会計管理者，副市町村長と親子，夫婦又は兄弟姉妹の関係にある者が監査委員に選任されたとき，その関係が生じたときは，この場合においては，会計管理者が職を失うものとされる（法169条）。

5　×　監査の対象とできるのは，出資比率が，４分の１以上の法人に限られている（法199条⑦，令140条の７①）。

正解　3

Q145 ★ 監査委員⑥

監査委員に関する記述として妥当なものはどれか。

1　監査委員は，都道府県及び政令指定都市においては，必ず置かなければならないが，政令指定都市以外の市町村においては，置かないこともできる。

2　監査委員は，議会の議員及び識見を有する者のうちから普通地方公共団体の長が選任するが，選任にあたっては議会の同意を必要としない。

3　監査委員は，少なくとも1人以上は常勤としなければならないが，この者については，当該普通地方公共団体の常勤の職員と兼ねることができる。

4　監査委員は，普通地方公共団体の財務に関する事務の執行及び普通地方公共団体の経営に係る事業の管理を監査することを基本的な権限とされている。

5　監査委員は，普通地方公共団体の組織や運営の合理化に関することについては，意見を提出することができない。

Q146 ★★ 監査委員⑦

監査委員に関する記述として妥当なものはどれか。

1　都道府県及び政令で定める市にあっては，議員のうちから選任される監査委員の数は2人とされている。

2　監査委員は，条例に定めれば議員のうちから選任しないことができる。

3　監査委員は，監査基準を定めるに当たり総務大臣の示した指針に基づいていれば合議によらなくてもよい。

4　監査委員は，監査基準を定めたときは，議会，長，各行政委員会等に通知すればよい。

5　監査委員の権限に属する事務に関し，必要な事項を調査するため，監査専門委員を置くことができるが，常設はできない。

 145 正解チェック欄 1回目 2回目 3回目

1 × 監査委員は法上必置の機関である（法195条①）。

2 × 監査委員を選任するには議会の同意を必要とする（法196条①）。

3 × 都道府県及び政令で定める市にあっては，識見を有する者のうちから選任される監査委員のうち少なくとも１人以上は常勤としなければならない（法196条⑤）が，その他の普通地方公共団体では識見を有する者のうちから選任される監査委員は常勤とすることができる（同条④）。また監査委員は普通地方公共団体の常勤の職員及び短時間勤務職員と兼ねることができない（同条③）。

4 ○ 法199条１項。

5 × 監査委員は法２条⑭（最少の経費で最大の効果），15項（組織及び運営の合理化）に意を用いて監査を行うものとされており（法199条③），意見提出権が認められている（法199条⑩）。また平成29年６月の法改正により当該意見の内容の公表が義務化された。

正解 4

 146 正解チェック欄 1回目 2回目 3回目

1 × 都道府県及び政令で定める市にあっては２人又は１人とする（法196条⑥）。

2 ○ 条例で議員のうちから監査委員を選任しないことができる（法196条①）。監査の独立性・専門性を発揮するという観点から議会は監視機能に特化していく選択ができるようにした。

3 × 監査基準の策定は，監査委員の合議によるものとする（法198条の４②）。総務大臣は監査基準の策定又は変更について指針を示すとともに必要な助言を行うものとする（法198条の４⑤）。

4 × 監査基準を定めたときは，議会，長，各行政委員会等に通知し，公表しなければならない（法198条の４③）。監査を受ける者には結果を明確に受け止められ住民からもわかりやすくするために新設された。

5 × 監査委員に常設又は臨時の監査専門委員を置くことができる（法200条の２①）。

上記３・４は令和２年４月１日施行。

正解 2

Q147 ★★ 監査委員⑧

監査委員及び外部審査員に関する記述として妥当なものはどれか。

1　監査委員は，必要があると認めるときは，事務執行の監査請求の監査を除き，監査の結果に関する報告に添えて，その意見を提出したときは，公表が義務付けられた。

2　監査委員は，監査の結果に関する報告のうち特に措置を講ずる必要があると認める事項については，理由を付して，必要な措置を講ずべきことを勧告できるが公表は義務付けられていない。

3　監査委員は，監査の結果に関する報告の決定について，各監査委員の意見が一致しないため，合議による決定とならないときは，各監査委員の意見を議会，長，関係のある行政委員会等に提出し公表しなければならない。

4　監査委員から勧告を受けた議会，長，行政委員会等は，必要な措置を講じ，内容を監査委員に通知しなければならないが，監査委員の公表は義務付けられていない。

5　政令で定める市以外の市又は町村は，条例で定めれば毎会計年度，当該会計年度に係る包括外部監査契約を一の者と締結しなければならない。

Q148 ★★ 外部監査契約制度①

外部監査契約に基づく監査に関して妥当なものはどれか。

1　普通地方公共団体が外部監査契約を締結できる者は，弁護士，公認会計士及び税理士に限られる。

2　都道府県，政令指定都市，中核市は，法に基づき毎会計年度，議会の議決を経て包括外部監査契約を締結しなければならないが，市町村の場合には，この制度の導入が任意とされている。

3　住民監査請求に係る個別外部監査の請求があった場合，監査委員は個別外部監査契約に基づく監査によることを決定しなければならない。

4　包括外部監査人は，監査の結果に関する報告を決定し，議会，長及び監査委員並びに関係のある委員会又は委員に提出するとともに，監査の結果に関する報告を公表しなければならない。

5　包括外部監査契約を締結している普通地方公共団体は，特に制限なく同一の者と連続して，包括外部監査契約を締結することができる。

147 正解チェック欄

1回目 □　2回目 □　3回目 □

1　×　事務執行の監査の請求による監査（法75条③）が加えられた（法199条⑩）。また監査制度の充実強化のため公表が義務付けられた。

2　×　当該勧告の内容の公表が義務付けられ（法199条⑪），監査制度の充実強化のため新設された。

3　○　合議に至らない場合でも，監査委員の意見がわかるようにする必要があることから新設された（法199条⑬）。

4　×　監査委員に当該措置の内容の公表が義務付けられ（法199条⑮），監査制度の充実強化のため新設された。

5　×　「毎会計年度」が「条例で定める会計年度」に改正された（法252条の36②）。包括外部監査の有用性を認めながら都道府県及び政令で定める市以外の市又は町村の地域特性や体制を考慮して判断を委ねた。

上記１～４は令和２年４月１日施行。

正　解　3

148 正解チェック欄

1回目 □　2回目 □　3回目 □

1　×　弁護士，公認会計士，税理士のほか，監査に関する実務に精通しているものとして政令で定めるものとしている（法252条の28①，②，令174条の49の21）。

2　○　都道府県，政令指定都市，中核市については，義務づけられているが，市町村は条例に定めればできる（法252条の36①，②，令174条の49の26）。

3　×　監査委員は，監査委員の監査に代えて，監査が相当であると認めるときは，個別外部監査契約に基づく監査によることを決定し，長に通知しなければならない（法252条の43②）。

4　×　監査の結果に関する報告を公表する者は包括外部監査人ではなく，監査委員である（法252条の37⑤，252条の38③）。

5　×　普通地方公共団体と包括外部監査人との好ましい緊張関係を維持するため，連続して４回，同一の者と包括外部監査契約を締結してはならない（法252条の36④）。

正　解　2

Q149 ★★ 外部監査契約制度②

外部監査制度に関する記述のうち，妥当なものはどれか。

1　外部監査制度は，地方公共団体における官官接待，カラ出張等の予算の不正執行を国が監視するために導入された。

2　外部監査制度とは，普通地方公共団体の長が議会の同意を得て任命した外部監査人が，監査を行う制度である。

3　個別外部監査契約に基づく監査の対象となる事項は，事務監査請求，議会からの監査請求及び長からの監査請求に限られる。

4　一部事務組合及び広域連合には，外部監査制度の適用はない。

5　外部監査人は，監査の事務に関し，刑法その他の罰則の適用については，法令により公務に従事する職員とみなされる。

Q150 ★★ 外部監査契約制度③

外部監査契約に基づく監査に関する記述として妥当なものはどれか。

1　普通地方公共団体が外部監査契約を締結できる者は，公認会計士又は税理士の資格を有する者に限られる。

2　外部監査人は，監査委員に外部監査を実施する旨を通知するなど相互の連絡を図る必要がない。

3　外部監査人は，監査の事務を他の者に補助させる場合においては，あらかじめ監査委員に協議しなければならない。

4　普通地方公共団体の議会は，必要があると認めるときは，外部監査人の説明を求めることができるが，外部監査人に対し意見を述べることはできない。

5　普通地方公共団体の長は，外部監査人が心身の故障のため監査の遂行に堪えないと認めるときは，長の判断で外部監査契約を解除することができる。

A 149 正解チェック欄 1回目 2回目 3回目

1 × 外部監査制度は，普通地方公共団体の自主チェック機能を高めるものであり，国の監視制度とは無関係である。

2 × 普通地方公共団体と外部監査人との関係は，監査を受けること及び監査結果に関する報告の提出を受けることを内容とする契約関係である（法252条の27②，③）。

3 × 個別外部監査の対象事項は，事務監査請求（法252条の39），議会からの監査請求（法252条の40），長からの監査の要求（法252条の41），長からの財政援助団体等の監査の要求（法252条の42），住民監査請求（法252条の43）がある。

4 × 一部事務組合及び広域連合は，政令で定める市以外の市又は町村とみなし，包括外部監査契約に基づく監査の規定が準用される（法252条の45）。

5 ○ 外部監査人は，その職務に関しては「みなし公務員」とされるので，収賄罪等の対象となる。なお，法上も守秘義務があり，知り得た秘密を外部に漏らすと罰則の適用を受ける（法252条の31③，④，⑤）。

正解 5

A 150 正解チェック欄 1回目 2回目 3回目

1 × 公認会計士，税理士以外に弁護士，監査に関する実務に精通しているものとして政令で定めるものとしている（法252条の28①，②，令174条の49の21）。

2 × 外部監査人は，監査委員にその旨を通知する等，相互の連絡を図る必要がある（法252条の30①）。

3 ○ 外部監査人は，あらかじめ監査委員に協議することが必要である（法252条の32①）。

4 × 普通地方公共団体の議会は，外部監査人の説明を求めることができ，必要があると認めるときは外部監査人に対し意見を述べることができる（法252条の34①，②）。

5 × 長は，外部監査人が心身の故障のため監査の遂行に堪えないと認めるときはあらかじめ監査委員の意見を聴くとともに，その意見を付けて議会の同意を得た上で外部監査契約を解除できる（法252条の35②）。

正解 3

Q151 ★ 教育委員会

教育委員会について妥当なものはどれか。

1　教育委員会に関することは，すべて地方自治法に規定が置かれている。

2　教育委員の定数は，原則的に5人であるが，都道府県及び政令で定める市にあっては，条例で増減することができる。

3　教育委員は，特に政治的中立性を確保するため，解職請求の制度がなく，身分保障の徹底が図られている。

4　教育長は，長が議会の同意を得て任命することとし，教育長に職務上の義務違反があったときは議会の同意を得なくても罷免できる。

5　教育長は任期が3年であり，教育委員会の会務を総理し，教育委員会を代表する。

Q152 ★ 選挙管理委員会①

選挙管理委員会について妥当なものはどれか。

1　選挙管理委員は，議会の選挙により選ばれた候補者の中から，長が任命する。

2　選挙管理委員会は，4人の選挙管理委員を以て組織するが，町村は条例で減ずることができる。

3　選挙管理委員会の委員長及び委員は，自己若しくは父母，配偶者又は子の一身上に関する事件については，当該委員会の会議に出席し，発言することは一切できない。

4　選挙管理委員は，職務上の義務違反，その他委員に適しない非行がある等の法定事由がない限り，その意に反して罷免されることはない。

5　選挙管理委員を罷免する場合において，長は行政手続法の規定に従い，当該委員に対しあらかじめ処分の理由を告知するとともに，聴聞を開催しなければならない。

A 151 正解チェック欄 1回目 2回目 3回目

1 × 法180条の8により，教育委員会の職務権限等は，地教行法，学校教育法，教育公務員特例法，社会教育法等の規定がある。

2 × 教育委員の定数は，教育長及び4人の委員をもって組織する。条例で定めるところにより，都道府県，市の教育委員会は，教育長及び5人以上の委員，町村は教育長及び2人以上の委員とすることができる（地教行法3条）。

3 × 教育長又は教育委員についても解職請求の対象となる（法13条③，地教行法8条）。

4 × 長は，直接教育長の任命，罷免を行うことができるが，議会の同意を得る必要がある（地教行法4条①，7条①）。

5 ○ 教育長の任期は3年である（地教行法5条①）。また，教育長は教育委員会の会務を総理し，教育委員会を代表する（地教行法13条①）。教育行政の責任者を明確化した。

正解 5

A 152 正解チェック欄 1回目 2回目 3回目

1 × 選挙管理委員は，議会が選挙する（法182条①）。

2 × 選挙管理委員会は4人の選挙管理委員を以て組織するとされている（法181条②）。委員を減ずることはできない。

3 × 委員会の同意を得たときは会議に出席し，発言することができる（法189条②ただし書）。

4 ○ 委員が罷免される事由としては，心身の故障のため職務の遂行に堪えないとき，又は職務上の義務違反その他委員に適しない非行があると議会が認めるときである（法184条の2）。

5 × 罷免される場合には，議会の常任委員会又は特別委員会において公聴会を開くものとされている（法184条の2①）。なお，議会の議決を要件とする処分には，行政手続法は適用されない（行政手続法3条①I）。

正解 4

153 ★ 選挙管理委員会②

普通地方公共団体の選挙管理委員会に関する記述として妥当なものはどれか。

1　選挙管理委員会は，委員の中から委員長を選挙し，法令の定めるところにより，当該普通地方公共団体が処理する選挙に関する事務と，これに関係のある事務を管理する。

2　選挙管理委員は，委員と同数以上の補充員とともに，議会によって選挙される。

3　選挙管理委員は，議会の議員及び長と兼職することはできず，また政党その他の政治団体に属することは禁止されている。

4　普通地方公共団体の選挙管理委員会の処分又は裁決に係る普通地方公共団体を被告とする訴訟については，当該普通地方公共団体が被告となる。

5　選挙管理委員会は，合議制の機関であり，委員全員の出席がなければ開催できず，委員会の議事についても委員全員の意見の一致がなければ決することはできない。

154 ★ 公安委員会

都道府県公安委員会について，妥当なものはどれか。

1　都道府県公安委員会は，都道府にあっては５人，県にあっては３人の委員で組織される。

2　都道府県公安委員会の委員は，地方公共団体の議員又は常勤の職員と兼ねることができる。

3　都道府県公安委員会は，知事と協議して，その権限に属する事務の一部を知事の補助機関に委任することができる。

4　都道府県公安委員会の委員は，警察又は検察の職務に関し，公正な識見を有する者のうちから，知事が任命する。

5　都道府県公安委員会は，その権限に属する事務に関し，法令又は条例の特別の委任に基づいて，都道府県公安委員会規則を制定できる。

A 153 正解チェック欄 1回目 2回目 3回目

1 ○ 選挙管理委員会は，委員長を選挙（法187条①）し，事務を管理する（法186条）。

2 × 議会は，委員（4人）と同数の補充員を選挙しなければならない（法182条①，②）。

3 × 委員は議会の議員及び長と兼ねることはできない（法182条⑦）が，政党その他の政治団体に属することは認められている（同条⑤）。

4 × 選挙管理委員会の処分又は裁決に係る普通地方公共団体を被告とする訴訟については，選挙管理委員会が当該普通地方公共団体を代表する（法192条）。

5 × 選挙管理委員会は，3人以上の委員の出席があれば会議を開くことができ，議事は出席委員の過半数で決する（法189条①，190条）。

正解 1

A 154 正解チェック欄 1回目 2回目 3回目

1 × 都道府県公安委員会は，知事の所轄の下に置かれ，都道府県警察を管理する。委員の定数は，都道府及び政令指定都市を含む県にあっては5人，その他の県にあっては3人である（警察法38条②）。

2 × これらの兼務はできない（警察法42条②）。

3 × 都道府県公安委員会の権限に属する事務の委任はできない（法180条の7ただし書，令133条の2）。

4 × 公安委員は，当該都道府県の議会議員の被選挙権を有する者で，任命前5年間に警察又は検察の職務を行う職業的公務員の前歴のないもののうちから，知事が議会の同意を得て任命する（警察法39条①）。

5 ○ 都道府県公安委員会には，規則制定権がある（警察法38条⑤）。

正解 5

Q155 ★ 給与その他の給付①

給与その他の給付に関する記述として，妥当なものはどれか。

1　給料とは，一般職の職員に対する勤務の対価をいい，報酬とは特別職の職員に対するものをいう。

2　給与その他の給付は，地方公共団体が条例で定めさえすれば，任意に支給できる。

3　地方公共団体は，条例で議員に対して，期末手当及び退職手当を支給することができる。

4　常勤の監査委員は，退職年金又は退職一時金の支給を受けることができる。

5　議員の報酬，費用弁償及び期末手当の額は条例で，またその支給方法は規則で定めなければならない。

Q156 ★★ 給与その他の給付②

給与その他の給付に関する記述として，妥当なものはどれか。

1　委員会の委員，監査委員に対しては，報酬を支給しなければならない。

2　委員会の委員，監査委員は，旅費等の職務を行うため要する費用の弁償を受けることができる。

3　会計年度任用職員には，給料及び旅費を支給しなければならない。

4　フルタイム会計年度任用職員には期末手当及び勤勉手当を支給することができるが，パートタイム会計年度任用職員には期末手当のみ支給することができる。

5　常勤の職員には，通勤手当，単身赴任手当，在宅勤務等手当を支給することができる。

A 155 正解チェック欄 1回目 2回目 3回目

1 × 給料及び報酬は，労務に対する対価という点では共通である。しかし，自治法上は常勤職員に対するものを給料といい，非常勤の職員に対するものを報酬という。一般職，特別職を問わず常勤（短時間勤務職員も含む）であれば給料の支給を受ける（法203条の2，204条）。

2 × いかなる給与その他の給付も法律又はこれに基づく条例に基づかずには，これを普通地方公共団体の長，議員，委員，職員等に支給することができない（法204条の2）。任意に条例を制定して給与その他の給付を行うことはできない。

3 × 期末手当は法203条③の規定により支給できるが，退職手当は法に定めがないので支給できない。

4 ○ 法204条1項に規定する長及び常勤の職員は，退職年金又は退職一時金の支給を受けることができる（法205条）。

5 × 議員報酬，費用弁償及び期末手当の額並びにその支給方法は，条例で定めなければならない（法203条④）。

正 解 4

A 156 正解チェック欄 1回目 2回目 3回目

1 × 法は給与その他の給付については，大きく非常勤と常勤（短時間勤務職員も含む）に分けて規定している。非常勤である委員会の委員及び監査委員には報酬を（法203条の2①，②），常勤である委員会の委員及び監査委員には給料及び旅費を支給しなければならない（法204条①）。

2 × 1の説明のとおりで，非常勤である委員会の委員及び監査委員は，職務を行うため要する費用の弁償を受けることができる（法203条の2③）。常勤である委員会の委員及び監査委員には，給料及び旅費を支給しなければならず（法204条①），通勤手当，時間外勤務手当，退職手当等の手当を支給できる（法204条②）。

3 × パートタイム会計年度任用職員（地公法22条の2①Ⅰ）には報酬を支給しなければならず（法203条の2①，②），フルタイム会計年度任用職員（地公法22条の2①Ⅱ）には，給料及び旅費を支給しなければならない（法204条①）。

4 × フルタイム会計年度任用職員はそのとおり（法204条①，②）。パートタイム会計年度任用職員については，国の非常勤職員の取扱いとの均衡の観点から，令和5年5月公布の法改正で，令和6年4月1日から勤勉手当も支給できるとされた（法203条の2④）。

5 ○ テレワークで発生する光熱費等の負担を軽減するため，令和5年11月公布の国家公務員の一般職の給与に関する法律の改正に併せて法が改正され，令和6年4月1日から常勤（短時間勤務職員も含む）の職には在宅勤務等手当が支給することができるとされた（法204条①，②）。

正 解 5

157 ★★★ 長の拒否権

長の拒否権に関する記述として，妥当なものはどれか。

1　長は，収支に関する議会の議決が執行不能と認めるときは，再議に付すことはできない。

2　長は，収支に関する議会の議決が執行不能と認めるときは，再議に付すことなく，総務大臣又は都道府県知事に審査を申し立てることができる。

3　長は，議会が義務費を削除する議決をしたときは，再議に付さなければならないが，議会の議決がなお義務費を削除したときは長はその経費及びそれに伴う収入を予算に計上して支出できる。

4　長は，議会が災害応急費等の必要経費を削除する議決をしたときは，再議に付すことなく理由を示して専決処分できる。

5　長は議会が感染症予防費等の必要経費を削除する議決をしたときは，再議に付さなければならないが，議会が再度必要経費を削除したときは，裁判所に出訴できる。

158 ★★★ 長の一般的拒否権

長の一般的拒否権に関する記述として妥当なものはどれか。

1　長は，条例の制定又は改廃に関する議決について異議があるときは，理由を示さずに再議に付すことができる。

2　長は，予算に関する議案が否決されたときは，必ず再議に付さなければならないが，その場合期間の制限はない。

3　長は，条例の制定又は改廃に関する議決について，その一部について異議があるときは，異議ある部分に限って再議に付すことができる。

4　長は，予算に関する議決について異議があるときは，再議に付すことができ，再議の結果，議会が出席議員の３分の２以上の者の同意により同一内容の議決をしたときは，議決が確定する。

5　長は，条例の制定又は改廃に関する議案が否決されたときは，再議に付すことができ，再議の結果，議会が出席議員の過半数の者の同意により同一内容の議決をしたときは，議決が確定する。

 157 正解チェック欄 1回目 2回目 3回目

1　×　長は収支に関する議会の議決が事実上執行不能で異議があるときは，予算に関する議決として，その送付を受けた日から10日以内に理由を示してこれを再議に付することができる。違法なものは再議に付さなければならない（法176条①，④）。

2　×　1の説明のとおり事実上のものは再議に付すことができるが，再議の結果，議会が予算に関するものとして出席議員の3分の2以上の者の同意により再議に付された議決と同一内容で議決したときは，その議決が確定する（法176条①，②，③）。

3　○　長には原案執行権がある（法177条①Ⅰ，②）。

4　×　このような場合，長は理由を示して再議に付し，なお議会が削除又は減額したときは，不信任の議決とみなすことができる（法177条①Ⅱ，③）。

5　×　裁判所に出訴することはできない。不信任の議決とみなして長はその通知を受けた日から10日以内に議会を解散できる（法177条③，178条①）。

正解　3

 158 正解チェック欄 1回目 2回目 3回目

1　×　理由を示して再議に付さなければならない（法176条①）。

2　×　予算に関する議会の議決に異議があるときは，再議に付すことができる（法176条①）が，否決された議決については再議に付すことはできない（行実昭26.10.12）。

3　×　議決の一部を再議に付すことはできない。再議に付すときは条例の全文を示さなければならない。ただし，審議の対象は異議のある部分に限られる（行実昭39.4.9）。

4　○　3分の2以上の者の同意で同一内容の議決をしたときは，その議決は確定する（法176条③）。

5　×　否決された議決については再議に付すことはできない（行実昭26.10.12）。

正解　4

Q159 ★★★ 再議制度①

再議制度に関する記述として妥当なものはどれか。

1　条例の制定，改廃又は予算に関する議決について異議のあるときは，長は送付を受けた日から10日以内に理由を示して再議に付さなければならない。

2　予算に関する議決について，長が再議に付したと同一内容の議決を出席議員の3分の2以上の者の同意で再度議決したときは，その議決が確定する。

3　議会の議決又は選挙がその権限を超え又は法令等に違反すると認めるときは，当該違法行為を是正させるため，長は再議に付すことができる。

4　議会の議決又は選挙に関する再議の結果，再度の議決がなお違法であると認めるときは，長は議決の日から21日以内に総務大臣又は知事に審査の申し出をしなければならない。

5　収支に関する特別的拒否権の場合，特別な事情があるときは，長は議決の日から60日以内に裁判所に出訴できる。

Q160 ★★★ 再議制度②

再議制度のうち，収支に関する議決についての記述として妥当なものはどれか。

1　議会が決算を認定しないときは，長は再議に付さなければならない。

2　議会の議決が収支に関して執行できないものがあるときは，長は違法なものでなくても予算に関するものとして再議に付すことができる。

3　法令により負担する経費や義務に属する経費等を削除又は減額する議決について，議会が再度同一内容の議決をしたときは，長は不信任の議決とみなすことができる。

4　非常の災害による応急若しくは復旧の施設のために必要な経費を削除又は減額する議決をしたときは，長は理由を示して再議に付さなければならないが，再度同一内容の議決をしたときは，長は当該経費を予算に計上して支出できる。

5　長が原案執行権を行使し，当該経費を執行したときは，専決処分の例により議会に報告しなければならない。

159　正解チェック欄　1回目　2回目　3回目

1　×　条例又は予算の議決に異議あるときは，長の任意で再議に付すことができる（法176条①）。

2　○　3分の2以上の特別多数で再度議決があれば，その議決が確定し，争う余地はない（法176条②，③）。

3　×　このような場合，長は理由を示して再議に付す義務がある（法176条④）。

4　×　審査の申し立てをするか否かは長の判断に任されており義務的ではない（法176条⑤）。

5　×　長が審査の申し立て及び出訴できるのは，違法な議決又は選挙についてである（法176条④，⑤，⑥，⑦，177条）。

正　解　2

160　正解チェック欄　1回目　2回目　3回目

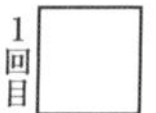

1　×　議会は決算を認定しないことができる。認定されなくても決算の効力に影響はない（行実昭31.2.1）とされていることから，再議の問題は生じない。平成29年6月の法改正により長が否決を踏まえて必要と認める措置を講じたときは，議会への報告と公表が義務付けられた（法233条⑦）。

2　○　再議については，その執行に関して異議があり支障のある場合は予算に関するものとして再議に付すことができる（法176条①）。

3　×　生活保護費など義務的経費の削除又は減額については，長の原案執行権で対抗できる（法177条②）。

4　×　非常災害費や感染症予防費の削除又は減額に対しては，長は不信任の議決とみなして議会の解散により対抗できる（法177条③，178条①）。

5　×　長の原案執行権と長の専決処分（法179条）とは別個の制度であるから，議会への報告義務はない。

正　解　2

161 ★★★ 長と議会の関係①

長に対する議会の不信任議決に関する記述として妥当なものはどれか。

1　不信任議決は，議員定数の12分の1以上の賛成がなければ発案できない。
2　不信任議決は，長に対する不信任の意思表示が表現されている議案について，議員数の2分の1以上の者が出席し3分の2以上の者が同意したとき成立する。
3　議会で長の不信任を議決した場合において長が議長から不信任議決の通知を受けたとき既に議員が総辞職していて議会を解散できない場合でも，通知を受けた日から10日を経過すると長は失職する。
4　長は，不信任議決による解散後初めて招集された議会において，議員数の3分の2以上が出席し，その過半数の同意で再び不信任の議決があったときは議長から通知があった日にその職を失う。
5　長は，当該議案が否決されたときは不信任議決とみなす旨を意思表示して提出した議案が否決されたときは，その職を失う。

162 ★★★ 長と議会の関係②

長と議会の関係の記述として誤っているものはどれか。

1　条例の制定若しくは改廃又は予算に関する議決について異議があるときは，長は，その送付を受けた日から10日以内に理由を示して再議に付すことができる。
2　議会の議決又は選挙がその権限を超えると認めるときは，長は理由を示して再議に付し又は再選挙を行わせることができる。
3　義務的経費を削除し又は減額する議決をしたときは，その経費及びこれに伴う収入について，長は理由を示して再議に付さなければならない。
4　議会において議員数の3分の2以上の者が出席し，4分の3以上の者の同意をもって長の不信任議決をしたときは，長はその通知を受けた日から10日以内に議会を解散することができる。
5　議会が成立しないとき，議決すべき事件について特に緊急を要するため議会を招集する時間的余裕がないことが明らかであるとき，又は議会において議決すべき事件を議決しないときは，長は議決すべき事件を専決処分することができる。

A 161 正解チェック欄 1回目 2回目 3回目

1　×　不信任議決は，機関としての議会の意思決定であるから議員の議案提出権の規定（法112条②）は適用されない。

2　×　不信任議決は，議員数の3分の2以上の者が出席しその4分の3以上の者の同意がなければならない（法178条③）。

3　×　長が議長から不信任議決の通知を受けたとき既に議員が総辞職しており，又は不信任議決の通知を受けた日から10日以内に議員が総辞職したため，長が議会を解散することができない場合は長は失職しない（行実昭25.11.30，法178条②）。

4　○　法178条2項，3項。

5　×　長が提案の際，当該議案を否決すれば不信任議決とみなす旨の意思表示をした議案を議会が否決した場合のごときは，不信任議決と解することはできない（和歌山地裁昭27.3.31）。

正解　4

A 162 正解チェック欄 1回目 2回目 3回目

1　○　法176条①。

2　×　再議に付し又は再選挙を行わせなければならない（法176条④)。これは長の任意ではなく義務である。

3　○　法177条①Ⅰ。

4　○　法178条①，③。

5　○　法179条①。ただし，副知事又は副市町村長及び指定都市の総合区長の選任の同意については除外されている。

正解　2

Q163 ★★★ 長と議会の関係③

長と議会の関係に関する記述として，誤っているものはどれか。

1　長は，議会における条例の制定，改廃又は予算に関する議決について異議があるときは，一定の手続きにより再議に付すことができる。

2　長は，議会の議決がその権限を超え又は法令等に違反すると認めるときは，理由を示して再議に付さなければならない。

3　長は，議会が法令により負担する経費など普通地方公共団体の義務に属する経費を削除し，又は減額する議決をした場合は，議会を解散できる。

4　長は，議決すべき事件について特に緊急を要するため，議会を招集する時間的余裕がないことが明らかであると認めるときなどに議会の議決すべき事件を処分することができるが，次の会議においてそれを議会に報告し，承認を求めなければならない。

5　長は，条例・予算等の議案提出権を有し，予算等に関する説明書を議会に提出する義務を負っており，議長から説明のため出席を求められたときは議場に出席しなければならない。

Q164 ★★★ 長と議会の関係④

長と議会の関係に関する記述のうち，誤っているものはどれか。

1　不信任議決の理由については，法定要件を満たし所定の手続きによって行われれば，有効に成立する。

2　予算案に対する削除減額の議決は，その意義が政治的に重大であるから長に対する不信任の議決とみなされることがある。

3　長が案件を議会に提出するとき否決すれば自己への不信任とみなす旨の意思表示をして，議会が否決した場合でも長の不信任議決とはみなされない。

4　長は，議会が非常災害応急の経費を削減する議決をした場合，専決処分を行うことはできない。

5　長が発案した感染症予防費等の経費を議会が削減した場合，長が再議に付しても議会がなお同じ議決をした場合，長はこれを長に対する不信任議決とみなし，議会を解散することができる。

A 163 正解チェック欄 1回目 2回目 3回目

1 ○ 法176条①。

2 ○ 法176条④。

3 × 長には，原案執行権があり，このような場合不信任の議決とはみなされない（法177条②）。

4 ○ これを長の専決処分という（法179条①，③）。

5 ○ 長及び委員長等の出席義務（法121条），長の説明書提出（法122条），長の議案提出権（法149条Ⅰ）。

正 解　3

 164 正解チェック欄 1回目 2回目 3回目

1 ○ 法178条。法定要件を満たしている限りいかなる理由であっても所定の手続きによる不信任議決は有効である（行実昭21.12.27）。

2 × 不信任の議決とみなすことができるのは法177条③の場合である。なお，177条①の経費に関する予算及び関連議案否決は経費の削減議決と解し，当該予算案は法177条①により再議に，関連する他の議案は新議案として提出するものとされている。また，法177条②の規定による再議の否決も削減議決と解するとされている（行実昭30.3.19）。

3 ○ 長が当該案件の否決は不信任とみなす旨の意思表示をしていても当該案件の否決は不信任議決ではないとする判例（和歌山地裁昭27.3.31）がある。

4 ○ 専決処分は法179条に規定する要件に該当する場合に行うことができる。

5 ○ 長は，不信任の議決を受けた日から10日以内に議会を解散できる（法177条①Ⅱ，③，178条①）。

正 解　2

Q165 ★★★ 瑕疵ある議決又は選挙

議会の瑕疵ある議決又は選挙に対する長の処置に関する記述として，妥当なものはどれか。

1 長は，議会における条例の制定又は改廃に関する議決について異議があるときは，当該条例の公布を拒否することにより議決の効力を失わせることができる。

2 長は，議会における条例の制定又は改廃に関する議決について異議があるときは，当該議決の無効確認を求める訴えを裁判所に提起しなければならない。

3 長は，議会における予算に関する議決について異議があるときは，前年度の予算を執行することができる。

4 長は，議会の議決又は選挙がその権限を超え又は法令若しくは会議規則に違反すると認めるときは，理由を示してこれを再議に付し，又は再選挙を行わせなければならない。

5 長は，議会の議決又は選挙がその権限を超え又は法令若しくは会議規則に違反すると認めるときは，当該議決又は選挙の審査を内閣総理大臣に申し立てることができる。

Q166 ★★ 専決処分

長の専決処分に関する記述として妥当なものはどれか。

1 長は，議会が不成立の場合，議決すべき事件を専決処分にすることができるが，次の会議において議会の承認が得られなかったときでも専決処分の法律上の効力には影響がある。

2 普通地方公共団体の議会の議決すべき事件について，特に緊急を要するため議会を招集する時間的余裕がないことが明らかであると認めるときは，当該普通地方公共団体の長は専決処分することができるが，その認定には，客観性がなければならない。

3 長は，議会が法令により負担する経費に係る予算を否決したときは，専決処分によって当該経費を支出できる。

4 議会は，議決により特に指定した軽易な事項を長の専決処分にすることができるが，応訴事件に係る和解のすべてを専決処分とすることができる。

5 長は，議会が成立しないとき，監査委員の選任について専決処分できない。

A 165 正解チェック欄 1回目 2回目 3回目

1 × 条例の公布を拒否することはできない（法16条②）。条例の制定改廃について異議があるときは，長は再議に付すことができる（法176条①）。

2 × 条例の制定改廃に関する議決に対する再議は任意であり，無効確認の訴えは提起できない（法176条①，⑤，⑦）。

3 × 会計年度独立の原則から前年度の予算を執行することはできない（法208条）。設問の場合，再議に付し，議会が再度同一内容の議決をしたときは，予算に係る議案は確定する（法176条①，②）。

4 ○ 義務的再議の１つである（法176条④）。

5 × 再議又は再選挙の結果，なお違反があると認めるときは，知事は総務大臣に，市町村長は知事に審査を申し立てることができる（法176条④，⑤）。

正 解 4

A 166 正解チェック欄 1回目 2回目 3回目

1 × 長の専決処分が議会の承認を得られなかった場合においても，法律上処分の効力に影響はない（行実昭26.8.15）。なお，長は不承認の場合，速かに，必要な措置を講ずるとともに，その旨を議会に報告しなければならない（法179条④）。

2 ○ 「議会を招集する暇がない」か否かの認定は長が行うが，その認定は自由裁量ではなく客観性がなければならない（行実昭26.8.15）。

3 × 否決は議決の一種であるから，否決した場合は専決処分の要件にあたらない。設問の場合，再議に付さなければならず，再度議会が否決したときは，当該経費を支出できる（法177条②，③）。

4 × 議会は「軽易」の設定を行うが客観的にも軽易でなければならない。応訴事件に係る和解のすべてを専決処分とすることは無効である（東京高裁判，平13.8.27）。

5 × 長は，副知事又は副市町村長，指定都市の総合区長の選任の同意を除いて，専決処分できる（法179条①）。

正 解 2

167 ★★ 地方公共団体の財務

普通地方公共団体の財務に関する記述として，正しいものはどれか。

1　地方公共団体の財産は，地方自治法上，公有財産，物品，債権，基金の4つに分けられ，公社債等の有価証券は債権に分類される。

2　公有財産は，行政財産と普通財産に分けられ，ともに貸し付け等が禁止されているが，行政財産については議会の議決，普通財産については長の許可があれば，例外的にその貸し付け等が認められる。

3　地方公共団体の現金の収納又は支払いの事務を取り扱う金融機関を指定金融機関というが，市町村は金融機関を指定しなければならない。

4　地方公共団体の債権については，他の法律の規定にかかわらず5年の消滅時効が適用され，時効の援用によって債権が消滅する。

5　基金には，特定の目的のために財産を維持し，資金を積み立てるために設置される基金と，特定の目的のために定額の資金を運用するために設置される基金とがある。基金の設置・管理及び処分に関し必要な事項は条例で定めなければならない。

168 ★★ 地方財政制度

地方財政制度に関する記述として，誤っているものはどれか。

1　普通地方公共団体の一会計年度における一切の収入及び支出は，総計予算主義の原則に基づき，すべてこれを歳入歳出予算に編入しなければならない。

2　議会の議決が，収入又は支出に関し執行することができないものがあると認めるときは，普通地方公共団体の長は，理由を示してこれを再議に付すことができる。

3　普通地方公共団体が行う契約は，一般競争入札，指名競争入札，随意契約又はせり売りの方法で締結されるが，政令で定める場合に該当するとき以外は，一般競争入札によらなければならない。

4　監査委員は，毎会計年度少なくとも一回以上期日を定めて，普通地方公共団体の財務に関する事務の執行及び普通地方公共団体の経営に係る事業の管理を監査しなければならない。

5　住民は，普通地方公共団体の財産管理や財務会計上の行為の適否を監視するために，違法・不当な行為ないし職務を怠る事実を指摘して，長に対し住民監査請求をすることができる。

167 正解チェック欄 1回目 2回目 3回目

1　×　前段は正しい（法237条①）。公社債等の有価証券は公有財産に分類されている（法238条①Ⅵ）。

2　×　行政財産は例外的な許可があり，普通財産は貸し付け等が禁止されていない（法238条の４，238条の５）。

3　×　市町村は，指定を義務付けられない（法235条②）。

4　×　他の法律があれば別。また，援用は不要（法236条）。

5　○　そのとおり（法241条）。

正 解　5

168 正解チェック欄 1回目 2回目 3回目

1　○　正しい（法210条）。

2　○　正しい（法176条①）。

3　○　政令で定める場合に該当するとき以外は，一般競争入札（法234条①，②）によらなければならない。

4　○　正しい（法199条①，④）。

5　×　監査委員に対して行うものである（法242条①）。

正 解　5

Q169 ★ 一般会計予算と地方公営企業予算について

一般会計予算と地方公営企業予算について正しいものはどれか。

1　一般会計予算の調整，議案の提出は長の権限であるが，地方公営企業予算の調整は地方公営企業の管理者の権限である。

2　一般会計予算を議会に提出するときは，長は政令で定める予算に関する説明書をあわせて提出しなければならないが，地方公営企業予算に関する説明書は義務付けられていない。

3　一般会計予算では，支出規制が弱く予算超過の支出をすることができるが，地方公営企業予算では支出規制に重点が置かれ予算に強く拘束される。

4　一般会計予算は，消費会計であることから現金収支を基準とする現金主義であるが，地方公営企業予算は債権及び債務の発生の事実を基準とする発生主義によっている。

5　地方公共団体予算，地方公営企業予算とも一般会計と特別会計を設けることができる。

Q170 ★★ 予算の原則

普通地方公共団体の予算原則に関する次の記述のうち妥当なものはどれか。

1　普通地方公共団体は，予算単一主義を採っているが，法は例外として特別会計を設けることのみを認めている。

2　普通地方公共団体は，一会計年度の一切の収入支出を歳入歳出予算に編入することとする総計予算主義を採っているが，一時借入金の収入もこの原則の例外ではない。

3　会計年度独立の原則の例外として，事故繰越，繰越明許費のみが認められている。

4　普通地方公共団体の長は，予算を議会に提出するときは政令に定める予算に関する説明書を必ず提出するものとはされていない。

5　法は住民に対し予算要領を公表することを普通地方公共団体に義務づけている。これを予算公開の原則という。

A 169 正解チェック欄 1回目 2回目 3回目

1　×　長は，管理者による予算案を基礎に地方公営企業の予算を調整する（地公企法24条②，法211条）。

2　×　ともに予算に関する説明書を提出する義務がある（法211条②，地公企法25条）。

3　×　一般会計予算は，予算の執行に当たって長を拘束する（法216条）。地方公営企業予算は，支出規制が弱く，必要な経費に支出しうる（地公企法24条③）。

4　○　前段は法170条，後段は地公企法20条。

5　×　地方公営企業予算は，地公企法２条１項に掲げる事業ごとに特別会計を設けて行うものと規定されている（地公企法17条）。

正　解　4

170 正解チェック欄 1回目 2回目 3回目

1　×　予算単一主義の原則は，財政全体の通観を容易にすることと財政の膨張の防止を目的とする。ただし，例外として特別会計と補正予算がある。

2　×　一時借入金の収入は例外とされている。

3　×　例外は，この繰越明許費（法213条，215条），事故繰越（法220条③，令150条）以外に継続費の逓次繰越（令145条①），過年度収入・支出（法243条の５，令160条，165条の８），前年度剰余金の繰り入れ（法233条の２），翌年度歳入の繰上充用（令166条の２）が認められている。

4　×　提出義務がある（法211条②）。

5　○　法219条２項。なお，年２回以上の財政状況の公表もある（法243条の３）。

正　解　5

Q171 ★★ 会計年度独立の原則

予算における会計年度独立の原則に関する記述として妥当なものはどれか。

1　会計年度独立の原則とは，一会計年度における一切の収入及び支出は，すべて歳入歳出予算に編入しなければならないという原則である。

2　会計年度独立の原則とは，一会計年度の予算は，単一の見積表の中にあらゆる歳入・歳出を含み，かつ予算の調整は一年度一回を適当とする原則である。

3　会計年度独立の原則とは，各会計年度の収入・支出は，収入の源泉及び支出の目的を一義的に理解できるように表すとする原則をいう。

4　会計年度独立の原則とは，各会計年度における歳出は，その年度の歳入をもってこれに充てなければならないとする原則である。

5　会計年度独立の原則とは，各会計年度の予算は，年度の開始以前に議会の議決を経て予算の始期と同時に効力を生ずるとする原則である。

Q172 ★★ 予算制定手続

普通地方公共団体の予算制定手続に関する次の記述のうち妥当なものはどれか。

1　予算を議会に提出するのは長の権限であるが，議会も提出できる場合がある。

2　議会は，予算を増額修正することはできないが，減額修正については制限がないので自由にできる。

3　予算は出納整理期間までこれを補正することができる。

4　予算に計上された金額が不足したためなされる支出などにあてるため，予備費の計上が義務付けられているが，議会の否決した費途にもあてることができる。

5　長は，条例その他議会の議決を要すべき案件が新たに予算を伴うものであるときは，関係予算案が議会に提出されるまでは，これを議会に提出してはならない。

 171 正解チェック欄 1回目 2回目 3回目

1　×　総計予算主義の原則の説明である。
2　×　予算単一主義の説明である。
3　×　この説明のような原則はない。
4　○　正しい（法208条②）。
5　×　予算の事前議決（法211条，218条）の説明である。

正解　4

 172 正解チェック欄 1回目 2回目 3回目

1　×　予算を調整して議会へ提出するのは，長の専属的権限に属する（法149条Ⅱ，211条①）。
2　×　議会は長の予算提出権限を侵すことのない範囲内であれば，増額修正することができる（法97条②）。後段の減額修正はできる（法176，177条）。
3　×　会計年度経過後においては，予算を補正することができない（令148条）。
4　×　予備費の計上は義務付けられている（法217条①）が，議会が否決した費途にあてることはできない（法217条②）。
5　○　長に対して規制を加えている（法222条①）。しかし，本条に違反してなされたものでも効力に影響はないものと解されている。

正解　5

Q173 ★★ 繰越明許費

繰越明許費に関する説明として妥当なものはどれか。

1　歳出予算の経費の金額のうち，年度内に支出負担行為をし避けがたい事故のためその年度内に支出を終わらなかったものについて，予算の定めがなくとも翌年度に繰り越して使用できるものである。

2　歳出予算の経費のうち，その性質上又は予算成立後の事由に基づき，年度内にその支出を終わらない見込みのあるものについて，予算の定めるところにより翌年度に繰り越して使用できるものである。

3　歳出予算の経費のうち，財源の都合上年度内に執行することができず翌年度に繰り越すもので，この場合の財源は，翌年度の歳入によって賄うこととされている。

4　普通地方公共団体の経費をもって支弁する事業のうち，その履行に数年度を要するものについての経費であり，繰り越して支出できる年限は，当該会計年度以降５か年以内である。

5　２会計年度以上にまたがって経費を支弁する必要がある事業について予算として議決を経た年割額に対して実支出額の方が少ない場合，支出残額を翌年度に繰り越して使用できるものである。

Q174 ★★ 債務負担行為

債務負担行為に関する記述として妥当なものはどれか。

1　債務負担行為は，長期にわたる財政負担を伴う性格を有するため予算外義務負担として予算から独立して議会の議決を要する。

2　債務保証は，信用補完行為であり，金銭の給付を伴うものでないから債務負担行為の対象にならない。

3　債務負担行為に係る経費の支出は，改めて当該年度の歳入歳出予算に計上して行わなければならない。

4　普通地方公共団体の長は，翌年度以降継続的に電気通信の役務提供を受ける契約又は不動産を借りる契約を締結する場合，あらかじめ債務負担行為として議会の議決を経る必要がある。

5　普通地方公共団体の長は，翌年度以降継続的に一般会計から特別会計又は基金に対して繰出金を支出する場合，あらかじめ債務負担行為として議会の議決を経る必要がある。

173 正解チェック欄 1回目 2回目 3回目

1　×　事故繰越の説明である（法220条③）。

2　○　正しい（法213条）。

3　×　財源も翌年度に繰り越す（法213条，令146条）。

4　×　継続費と異なり，翌年度1年限り繰り越すことができる。

5　×　継続費の逓次繰越しの説明である（法212条，令145条）。

正　解　2

174 正解チェック欄 1回目 2回目 3回目

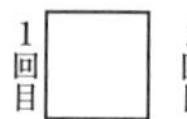

1　×　債務負担行為は予算の一部として定められ，議会で議決される（法215条Ⅳ）。

2　×　債務保証は，金銭の給付を伴うものとともに予算の内容をなすものであり，予算で債務負担行為として定めなければならない（法214条）。

3　○　正しい（法215条）。

4　×　長期継続契約の説明である（法234条の3）。

5　×　この支出は，会計相互間における出し入れであるから歳入歳出予算に計上することになり，債務負担行為としての定めは必要でない。

正　解　3

Q175 ★ 弾力条項

地方自治法における弾力条項に関する記述として妥当なものはどれか。

1　弾力条項は，一般会計のうち予算外の支出又は予算超過の支出に充てる経費で，長が指定する重要なものについて適用される。

2　弾力条項は，特別会計のうち，その事業の経費を主として当該事業の経営に伴う収入をもって充てるもので，条例で定めるものについて適用される。

3　弾力条項は，特別会計のうち，人件費など定期的な支払いに充てるものについて適用され，この場合，長は，予算を補正し議会の議決を経なければならない。

4　弾力条項は，一般会計のうち災害復旧費など緊急の支出に充てるものについて適用され，この場合，長は，議会にその旨を報告しなければならない。

5　弾力条項は，一般会計及び特別会計の双方について，業務量の増加により業務に直接必要な経費が不足した場合に議会の承認を得て適用される。

Q176 ★ 予備費

予備費に関する記述として妥当なものはどれか。

1　予備費は予算外の支出又は予算超過の支出に充てるものであり，一般会計及び特別会計にその計上が義務付けられている。

2　予備費は，その費途を災害時等の緊急対策に限定されており，議会が閉会中で補正予算の審議ができない場合に限りその支出が認められる。

3　予備費は，その支出に当たって議会の議決を必要としないが，議会の否決した費途に充てることはできない。

4　予備費は，その支出を必要とする費途の支出科目に充用して執行されるものであり，執行後に残額が生じた場合には予備費に繰り戻さなければならない。

5　予備費は，その支出について事後に議会の承認を得なければならず，承認を得られなかった場合にはその支出は無効となる。

 175 正解チェック欄 1回目 □ 2回目 □ 3回目 □

1　×　一般会計には適用はない。

2　○　正しい（法218条④）。

3　×　人件費は対象にならない（令149条）。

4　×　一般会計には適用はない。

5　×　一般会計が誤り。

正解　2

 176 正解チェック欄 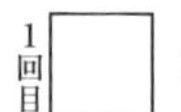 1回目 □ 2回目 □ 3回目 □

1　×　特別会計には計上しないことができる（法217条①）。

2　×　費途が限定されてはおらず，また支出は閉会中に限られない。

3　○　正しい（法217条②）。

4　×　いったん充用したあとは，繰り戻すことができないと解されている（行実昭30.11.8）。

5　×　事前，事後に議会の議決や承認を必要としない。

正解　3

Q177 ★★★ 財政収支

財政収支に関する記述として妥当なものはどれか。

1　形式収支は，歳入決算額から歳出決算額を単純に差し引いた額であり，この額は，当該年度末までに調定されかつ収入された現金と当該年度末までに支出された現金との差額を表している。

2　実質収支は，当該年度の形式収支から翌年度へ繰り越すべき財源を差し引いた額であり，この繰り越すべき財源は，地方自治法に定められているほか，地方公共団体が任意に定めることができる。

3　単年度収支は，当該年度の実質収支から前年度の実質収支を差し引いた額であり，前年度からの繰越額を当該年度の実質収支から控除したものとなる。

4　実質単年度収支は，当該年度で措置された地方債繰上償還のような黒字要素を単年度収支から差し引き，当該年度で措置された基金の取崩しのような赤字要素を加えた額である。

5　実質収支比率は，形式収支額に対する実質収支額の割合であるが，実質収支額が赤字で，実質収支比率が一定限度を超える地方公共団体は，一時借入金の制限がある。

Q178 ★ 事故繰越し

事故繰越しに関する記述として妥当なものはどれか。

1　事故繰越しは，予算成立後の事由に基づき年度内にその支出を終わらない見込みのある経費について認められ，長は，予算の定めるところによりその経費を翌年度に繰り越すことができる。

2　事故繰越しは，経費の性質上，支出が数年度にわたるものについて認められるが，長は，その経費の総額及び年割額について，あらかじめ予算で定めておかなければならない。

3　事故繰越しは，会計年度独立の原則に対する例外として認められ，年度内に支出の終わらなかった経費について，予算で定めることなく長が翌年度に繰り越して執行することができる。

4　事故繰越しは，予算の効率的な執行を図るために設けられたものであるが，繰り越すことができる経費は，一会計年度内に支出負担行為が行われていないものに限られている。

5　事故繰越しは，財政の弾力的な運営を図るために設けられたものであり，繰り越される経費については，その財源を当該年度から繰り越す必要はなく，翌年度の歳入を財源とすることができる。

177　正解チェック欄　1回目□　2回目□　3回目□

1　×　当該年度末ではなく出納閉鎖期日である。

2　×　任意に定めることはできない（令166条②）。

3　○　そのとおり。

4　×　地方債繰上償還を加え，基金の取り崩しを差し引いた額である。

5　×　実質収支比率とは，標準財政規模に対する実質収支額の割合である。実質収支が赤字で，それが一定割合を超えた場合には，地方債の発行について制限がある。

正解　3

178　正解チェック欄

1　×　繰越明許費に関する説明である（法213条①）。

2　×　継続費の逓次繰越しに関する説明である（法212条①）。

3　○　そのとおり（法220条③）。

4　×　歳計剰余金に関する説明である。

5　×　翌年度歳入の繰上充用に関する説明である（令166条の２）。

正解　3

179 ★ 分担金の徴収

分担金の徴収に関する記述として正しいものはどれか。

1　分担金の徴収方法は，条例によって定めなければならず，その条例の制定改廃には住民投票を実施しなければならない。

2　分担金の徴収額につき受益の限度額を定めるに当たっては，特定の事業に要した費用の総額をそのまま受益の限度額とすることができる。

3　分担金は，特定の事件に関し特に利益を受ける者から徴収されるものであり，その金額は受益の範囲を超えることができる。

4　普通地方公共団体の長は分担金の徴収に関する処分についての審査請求をされた場合には，これが不適法であり却下するときを除き，議会に諮問してこれを裁決しなければならない。

5　分担金は，特定の事件に関して普通地方公共団体が地方税について不均一課税をした場合にもその事件に関して徴収することができる。

180 ★ 使用料

使用料に関する記述として妥当なものはどれか。

1　普通地方公共団体は，公の施設の利用について使用料を徴収することができるが，使用料の性格は，施設利用の際に利用者に対し提供する役務についての費用の対価又は報償である。

2　普通地方公共団体は，公の施設の使用料を公権力に基づいて徴収するが，地方公営企業が管理している公の施設についても，使用料を徴収し減免する権限は当該地方公共団体の長が有する。

3　普通地方公共団体は，国の営造物について，当該地方公共団体が管理しその経費を負担している場合は，その使用料を条例又は規則によって定めなければならない。

4　普通地方公共団体は，公の施設の使用料を定めるに当たり，当該地方公共団体の住民の使用料と他の地方公共団体の住民の使用料との間に料金差を設定することはできない。

5　普通地方公共団体が管理する公の施設の使用料については，条例で定めることが適当でない技術的細目を除き，納入義務者，金額など条例で具体的に定めなければならない。

179 正解チェック欄 1回目 2回目 3回目

1　×　分担金の徴収に係る条例の制定改廃は直接請求の対象ではない（法74条①）ので，住民投票を実施しなければならないものではない。

2　×　特定の事業に要した費用の総額をそのまま受益の限度とすることはできない（法224条）。

3　×　受益の範囲を超えて徴収することはできない（法224条）。

4　○　正しい（法229条①，②）。

5　×　地方税法７条による不均一課税をした場合には分担金を徴収できない（令153条）。

正解　4

180 正解チェック欄 1回目 2回目 3回目

1　×　使用料の性格は，行政財産の目的外使用又は公の施設の使用に対して，その反対給付として徴収される公法的性質を有する負担である。設問は手数料の説明に該当する。

2　×　地方公営企業の料金は使用料に該当するが，料金の徴収権限は，管理者にある（地公企法９条Ⅸ）。

3　×　地方財政法23条により，条例によって定めることができる。

4　×　使用料は，各地方公共団体が，自主財政権に基づき徴収するもので料金差の設定はできる。

5　○　自治省通知（昭38.12.19）。

正解　5

Q181 ★ 使用料及び手数料

使用料及び手数料に関する記述として妥当なものはどれか。

1　普通地方公共団体は，公の施設の利用の対価，行政財産の使用の対価として使用料を徴収できるが，普通財産を貸し付けた場合も使用料を徴収できる。

2　普通地方公共団体は，使用料又は手数料の徴収については，条例によっても証紙による収入の方法を定めることはできない。

3　長は，使用料を納期限までに納付しない者に対し，期限を指定して督促することができ，督促を受けても納付しない者に対しては，地方税の滞納処分の例により処分できるが，延滞金を徴収することはできない。

4　普通地方公共団体は，当該団体の事務で特定の者のためにするものにつき手数料を徴収することができるが，その徴収には納入通知書による納入の通知が必要であり，口頭や掲示の方法によることはできない。

5　長は，使用料及び手数料の徴収に関する処分に不服がある者からの審査請求に対する裁決をしなければならない。

Q182 ★ 収入①

収入に関する記述として妥当なものはどれか。

1　長は，当該団体の歳入を収入するときには，歳入金の収納前に調定をしなければならないが，国から交付される地方交付税，地方譲与税などについては調定を省略することができる。

2　長がした分担金，使用料又は手数料の徴収に関する処分についての審査請求は直近上級行政庁に対してするものとし，上級行政庁の長は議会の議決を経てこれを決定しなければならない。

3　普通地方公共団体は，原則として現金により当該団体の歳入を収入することとされているが，分担金，委託金，過料及び負担金については，証紙による収入の方法によることができる。

4　普通地方公共団体は，当該団体の歳入を口座振替の方法により収納することはできるが，支払が確実で直ちに現金に換えることができる国債，地方債などの証券によっては収納することができない。

5　普通地方公共団体は，当該団体の使用料と手数料，地方税，分担金，負担金の歳入については，その収入確保と住民の便益の増進に寄与すると認められる場合に限り，私人にその徴収又は収納の事務を委託することができる。

A 181 正解チェック欄 1回目 2回目 3回目

1 × 使用料を徴収することができるのは，用途又は目的を妨げない限度で使用が許可された行政財産の使用と公の施設の利用の場合に限られる（法225条，238条の4⑦）。

2 × 歳入の収入行為としての収納につき現金が原則であるが，証紙による特例も認められている（法231条の2①）。

3 × 督促を受けても使用料等を納付しない者に対しては，条例の定めるところにより延滞金等を徴収することができる（法231条の3①，②）。

4 × その性質上納入通知書によりがたい歳入については，口頭，掲示その他の方法によることができる（令154条③）。

5 ○ 法229条2項。当該審査請求が不適法であり，却下するときを除き，議会に諮問してこれを裁決しなければならない。

正解 5

A 182 正解チェック欄 1回目 2回目 3回目

1 × 地方交付税，地方譲与税についても調定は必要である（法231条，令154条②）。

2 × 長がした徴収に関する処分についての審査請求は，長が当該機関の最上級行政庁でない場合でも長に対してする（法229条①）。

3 × 証紙による収入の方法によることができるのは，使用料又は手数料の徴収についてである（法231条の2①）。

4 × 証券をもって納付することができる（法231条の2③，令156条）。

5 ○ 正しい。平成15年に地方税，令和4年に分担金，負担金が追加された（法243条，令158条，158条の2）。

正解 5

Q183 ★ 収入②

収入の手続き及び方法に関する記述として妥当なものはどれか。

1 収入は，その手続きが調定から始まるが，調定とは納入すべき金額や納期限等を納入義務者に対して通知することをいう。

2 収入は，金銭出納員が受領することはできず，現金取扱員が受領する権限を有している。

3 収入については，原則としてその徴収の権限を私人に委任することはできないが，法令で定める収入について普通地方公共団体の長の判断で指定公金事務取扱者への委託ができる。

4 収入については，条例の定めるところにより，証紙による収入の方法によることができる。証紙の売りさばき代金は，証紙が貼付された時に歳入金に計上する。

5 収入は，証券によって納付された場合，その証券が支払いの拒絶にあっても，拒絶されるまでの間は納付されたものとみなされる。

Q184 ★ 支出①

支出に関する記述として妥当なものはどれか。

1 会計管理者は，相手方の履行が完了しているか否かの確認がなしえない場合であっても，長の支出命令があれば支出を拒否することはできない。

2 支出負担行為につき予算の裏付けがないという瑕疵は，その後に予算の議決ないしは補正予算が成立しても瑕疵は治癒されない。

3 普通地方公共団体は，支出の期限が到来し金額が確定している債務について，債権者の委任を受けた者に対しては支出することはできない。

4 金融機関を指定した普通地方公共団体の支出方法は現金払いが原則である。

5 支出命令は，契約その他の支出負担行為の履行の確認があった後に行われるから，支出負担行為が3月31日までに行われていれば出納整理期間も支出命令を発することができる。

 183 正解チェック欄 1回目 □ 2回目 □ 3回目 □

1　×　調定とは，歳入を徴収する事実が存するかどうかを確認し，徴収の意思決定を行うことである（法231条）。

2　×　金銭出納員が権限を有する。

3　○　正しい。

指定公金事務取扱者制度が創設された。又，収納代行会社からコンビニ各社への再委託など受託者の事務の適正を確保するルールが整備された（法243条，243条の2，令158条。令和6年4月1日施行）。

4　×　証紙による収入の方法によることができるのは，使用料又は手数料である（法231条の2①）。証紙の歳入金計上時期は，これを収納した時である（同条②）。

5　×　支払いの拒絶があったときは，当該歳入は，はじめから納付がなかったものとみなされる（法231条の2④）。

正解　3

A 184 正解チェック欄 1回目 □ 2回目 □ 3回目 □

1　×　履行の確認がなしえない場合は支出を拒否しなければならない（法232条の4②）。

2　×　既になされた支出負担行為を明確に追認する意図で予算が成立した場合には，治癒されたものとする行政実例がある（行実昭41.6.14）。

3　×　正当に委任を受けた者に対して支出できる。

4　×　小切手の振出しにより行う（法232条の6①）。

5　○　支出負担行為が年度内に行われていれば支出命令を発することができる（通知昭38.12.19）。

正解　5

Q185 ★ 支出②

財務に関する記述として，誤っているものはどれか。

1　会計管理者は，長の支出命令を受けた場合，当該支出負担行為が法令又は予算に違反していないこと及び債務が確定していることを確認したうえでなければ，支出をすることができない。
2　支出は，債権者のためでなければすることができないが，代金受領の委任を受けた者，転付命令のあった場合の差押債権者等に対して支払うことはできる。
3　支出は，原則として，指定金融機関を支払人とする小切手の振出し又は公金振替書の交付によって行うものとされているが，債権者から申出があった場合には，自ら現金で小口の支払いをし，又は当該金融機関をして現金で支払いをさせることができる。
4　歳計現金は，会計管理者が，指定金融機関その他の確実な金融機関に預け入れ又はその他の最も確実かつ有利な方法によって保管しなければならない。
5　既定の歳出予算内の支出現金が不足した場合，会計管理者は，一時借入金の借入れを行うことができる。

Q186 ★ 支出方法

支出方法に関する記述として妥当なものはどれか。

1　隔地払は，特定の経費について，職員に概括的に資金を交付し，正当な債権者に対して現金支払をさせる方法であり，外国において支払う経費に関してもこの方法により支出することができる。
2　前金払は，債務は確定しているが債務金額が確定していない場合に事前に支出するものであり，その性質上事後において必ず精算をしなければならない。
3　隔地払は，隔地の債権者に対して小切手を直接送付することにより支出する方法であり，指定金融機関を指定していない普通地方公共団体においても認められる。
4　繰替払は，税の報奨金などをそれぞれの歳入金から一時繰り替えて使用する支出方法であり，この場合においても総計予算主義の原則は守られている。
5　繰替払は，特定の歳入の収納に係る現金を，特定の経費の支払いに一時繰り替えて使用する方法であり，総計予算主義の原則の適用を受けないので，事後に歳入及び歳出の経理を行う必要がない。

 185 正解チェック欄 1回目 2回目 3回目

1　○　正しい（法232条の４）。

2　○「債権者のため」という表現は，設問の支払いを包含している（法232条の５）。

3　○　正しい（法232条の６①）。

4　○　正しい（法235条の４①，令168条の６）。

5　×　誤り。一時借入金を借入れるのは，地方公共団体の長であって，会計管理者ではない（法235条の３①）。

正解　5

 186 正解チェック欄 1回目 2回目 3回目

1　×　資金前渡に関する説明である（令161条）。

2　×　前金払は，金額の確定した債務について，相手方の義務履行前または給付すべき時期の到来前に支出することをいう（令163条）。本肢は，概算払の説明である（令162条）。

3　×　隔地払は，指定金融機関を指定していない普通地方公共団体には認められない（令165条）。

4　○　正しい（令164条）。

5　×　総計予算主義の原則は，適用される。

正解　4

Q187 ★★ 決算①

決算に関する記述として妥当なものはどれか。

1　会計管理者は，毎会計年度，決算を調製して長に提出しなければならず，この決算の調製は，歳入歳出予算，継続費，繰越明許費について行う。

2　会計管理者は，決算を出納の閉鎖後3か月以内に監査委員の審査に付さねばならない。この審査は計算の過誤の有無についての審査にとどまり，法適合性については議会の認定に委ねられる。

3　長は，決算を議会の認定に付すに当たっては，当該決算に係る会計年度における主要な施策の成果を説明する書類その他政令で定める書類を併せて提出しなければならない。

4　長は，決算を議会の認定に付すに当たっては，歳入歳出決算書と併せて当該年度の主要施策に係る契約書その他の書類を提出する。これらの付属書類も決算認定の対象になる。

5　長は，決算をその認定に係る議会の議決及び監査委員の意見と併せて，財務大臣に報告する。決算が認定を得られない場合において，当該議決を踏まえて必要と認める措置を講じたときは，速やかに当該措置の内容を議会に報告するとともに，これを公表しなければならない。

Q188 ★★ 決算②

決算に関する記述として誤っているものはどれか。

1　翌年度歳入の繰上充用とは，会計年度経過後にいたって歳入が歳出に不足するときに翌年度の歳入を繰り上げてこれに充てることである。会計年度独立の原則の例外の一つである。

2　各会計年度において決算上剰余金を生じた場合は，原則として翌年度の歳入に編入される。ただし，条例の定め又は議会の議決により，翌年度に繰り越さないで基金に編入することもできる。

3　市町村長は，決算認定後に当該決算内容に誤りがあり，その結果，決算金額に異動を生ずる場合，決算内容を修正し，議会の再認定に付することができる。

4　議会は，決算審査に当たり証拠書類の検閲が必要となった場合，別段の議決をすることなく当該証拠書類の提出を求めることができる。

5　決算は，会計管理者が，8月31日までに調製して長に提出しなければならない。地方公営企業の決算は，管理者が5月31日までに調製し，長に提出しなければならない。

A 187 正解チェック欄 1回目 2回目 3回目

1　×　歳入歳出予算について行う（法233条①，令166条①）。

2　×　会計管理者が監査委員の審査に付すわけではない。長が監査委員の審査に付す（法233条①，②）。また，監査委員の審査は法適合性にも及ぶ。

3　○　正しい（法233条⑤）。

4　×　前半は正しい（法233条③，⑤）。付属書類は認定対象ではない。

5　×　従来，都道府県にあっては総務大臣又は市町村にあっては都道府県知事への報告義務があったが，平成23年法改正により報告義務は廃止されている。認定されない場合において当該議決を踏まえて必要と認める措置を講じたときは，速やかに当該措置の内容を議会に報告するとともに，これを公表しなければならない，という後半部分は正しい（233条⑦）。

正解　3

A 188 正解チェック欄 1回目 2回目 3回目

1　○　正しい（法243条の５，令166条の２）。

2　○　正しい（法233条の２）。

3　○　正しい。決算内容に誤りがあり，その結果異動を生ずる場合，長は決算内容を修正の上再び議会の認定に付することができる（行実昭28.7.7）。

4　×　議会が証拠書類の検閲を行う場合にはその旨の議会の議決を必要とする。

5　○　正しい（法233条①，地公企法30条①）。

正解　4

Q189 ★ 現金の保管

現金の保管に関する記述として妥当なものはどれか。

1 歳計現金は，最も確実かつ有利な方法によって保管しなければならないと定められており，証券会社の行う国債証券や地方債証券の運用による現金の保管は認められていない。

2 歳計現金は，普通地方公共団体の歳入歳出に属する現金であるため，当該普通地方公共団体の指定金融機関又は指定代理金融機関以外の金融機関には預金することができない。

3 現金の保管は，会計管理者の権限とされているので，中小企業振興のために金融の円滑を図る目的で歳計現金を金融機関に預託する場合は，歳入歳出予算に計上する必要はない。

4 歳入歳出外現金は，入札保証金など債権の担保として徴する現金のほか，普通地方公共団体の所有に属しない現金をいい，これを保管する場合は法律又は政令の根拠を必要とする。

5 歳入歳出外現金は，それを保管する普通地方公共団体以外の者の所有に属する現金であるため，法令又は契約に特別の定めがあるものを除くほか，これに対して利子を付さなければならない。

Q190 ★★ 歳計剰余金

歳計剰余金の処分に関する記述として妥当なものはどれか。

1 歳計剰余金は，一会計年度の末日現在における歳計現金の余裕金であり，出納閉鎖期日前に限り，一般会計と特別会計との間で流用して，翌年度の歳出に充てることができる。

2 歳計剰余金は，会計年度独立の原則により，これを翌年度の歳入に編入することが認められておらず，その全額を財政調製基金に積み立てなければならない。

3 歳計剰余金は，普通その金額の2分の1を超えない金額について積み立てることができ，その残額は，繰上充用金又は償還期限を繰り上げて行う地方債の償還の財源に充てることができる。

4 歳計剰余金は，翌年度の歳入に編入しなければならないが，条例の定めるところにより，又は議会の議決により，その全部又は一部を翌年度に繰り越さないで基金に編入することができる。

5 歳計剰余金は，歳入歳出外現金に繰り入れ，会計管理者が保管しておき，経済事情の著しい変動等による財源の不足や災害対策に要する臨時的経費の支出に備えなければならない。

 189 正解チェック欄 1回目 2回目 3回目

1 × 認められている（行実昭57.7.20）。

2 × 指定金融機関のほかその他の金融機関への預金も認められている（令168条の６）。

3 × 行政目的のために預託する場合は，歳入歳出予算に貸付金，償還金として計上支出すべきである（通知昭33.3.14）。

4 ○ 正しい（法235条の４）。

5 × 法令又は契約に特別の定めがあるものを除くほか，歳入歳出外現金には利子を付さない（法235条の４③）。

正 解 4

 190  1回目 2回目 3回目

1 × 歳計剰余金は，決算の完結により予算の執行の結果生ずる剰余金であって，各会計年度の一時点における歳計現金の余裕金とは異なる。また，剰余金の処分は，一般会計と特別会計とは別々に各会計ごとに行うべきものとされている。

2 × 各会計年度において決算上剰余金を生じたときは，翌年度の歳入に編入しなければならない（法233条の２本文）。

3 × 地方財政法７条の規定によって積み立て又は償還期限を繰り上げて行う地方債の償還の財源に充てなければならない（行実昭41.6.30）。

4 ○ 正しい（法233条の２）。

5 × 収入現金が支払現金を超えて余裕が生じたときの会計管理者の手元にある余裕金とは異なる。また，後段のような規定はない。

正 解 4

Q191 ★★ 契約①

契約に関する記述として妥当なものはどれか。

1 契約の締結は，長の権限である予算の執行に関する事項であり，契約の予定価格が政令で定める基準額以上の契約を締結するに当たり議会の議決を必要とする旨の条例を定めることができる。

2 売買，貸借，請負その他の契約は，一般競争入札によるのが原則であり，工事又は製造の請負の契約において一般競争入札に付する場合，最低価格の入札者以外の者を落札者とすることはできない。

3 随意契約は，競争入札に付し入札者がないときにも行うことができるが，この場合，最初の競争入札に付するときに定めた契約保証金及び履行期限を変更することはできない。

4 せり売りは，買受者が口頭をもって価格の競争をするものであり，遺失物や抵当不動産の競売など動産又は不動産の売払いで当該契約の性質がせり売りに適しているものに限られる。

5 契約確定の時期は，契約書を作成する契約の場合は，長又はその委任を受けた者が契約の相手方とともに契約書に記名押印したときであり，この手続きを欠くと当該契約は確定しない。

Q192 ★★ 契約②

契約に関する記述として妥当なものはどれか。

1 指名競争入札の方法による契約の締結については，政令で定める場合に限られず，条例により指名競争入札の方法によることができる場合を独自に定めることが認められている。

2 競争入札の方法による契約については，契約書を作成する場合においても，落札のときに契約が確定するものであり，当該契約書の作成は契約の証拠手段に過ぎない。

3 競争入札においては，予定価格の制限の範囲内の価格で最低制限価格以上の価格の入札がなかったとき，再度入札ができるが，随意契約によることもできる。

4 契約保証金については，契約の相手方の債務不履行により損害が発生し，その損害の額が契約保証金の額未満であるときは，特約のない限り，その差額を契約の相手方に返還しなければならない。

5 契約の適正な履行を確保するための監督又は検査は，地方公共団体の職員の義務とされているので，職員以外の者に監督又は検査を委託することは禁じられている。

A 191 正解チェック欄 1回目 2回目 3回目

1　×　議決事項として，「その種類及び金額について政令で定める基準に従い」と規定されている（法96条①Ⅴ）。

2　×　最低価格の入札者以外の者を落札者とすることができる場合が法定されている（令167条の10）。

3　×「契約保証金及び履行期限を除くほか」最初，競争入札に付するときに定めた予定価格その他の条件を変更することができない（令167条の２②）。

4　×　動産の売払いに限られている（令167条の３）。

5　○　正しい（法234条⑤）。

正解　5

 192 正解チェック欄  1回目 2回目 3回目

1　×　指名競争入札は政令で定める場合に該当するときに限って行うことができる（法234条②）。

2　×　契約締結が確定するのは，長等と相手方による記名押印があったときである（法234条⑤）。

3　○　正しい（令167条の８④，167条の２①Ⅷ）。再度入札は，初度入札の延長として行うものであるから，必ず随意契約によらなければならないとするものではなく，このような場合，日時を改めて再度公告入札をしても一向に差しつかえはないのである。しかし，契約の内容によっては，再度公告入札に付することができる場合とそうでない場合があると考えられるので，再度公告入札に付することができない場合を予想して，ともに落札者がなければ随意契約によることができるとしている。

4　×　契約保証金は，損害の賠償について契約に別段の定めがない限り，当然に地方公共団体に帰属する（法234条の２②，行実昭48.10.31）。

5　×　令167条の15④。

正解　3

193 ★★ 契約③

契約に関する記述として妥当なものはどれか。

1　地方公共団体が私人との間に締結する売買，請負などの契約は，私人相互間で行われる契約とは異なり，民法その他の私法規定は原則として適用されない。

2　地方公共団体の契約締結権限は長に専属し，具体的な契約の締結に当たっては，いかなる金額の場合でも，議会の議決を必要としない。

3　一般競争入札は，契約に関する公告をし，不特定多数の者を競争させる方法であり，地方自治法上，契約締結方法の原則とされている。

4　指名競争入札は，特に入札参加者の資格を定めることを必要とせず，また，落札者の決定は，地方公共団体の裁量で行うことができる。

5　随意契約は，予定価格が一定金額以下の場合に限り行うことのできる方法であり，一定金額を超える場合には，これを行うことは一切できない。

194 ★★ 契約④

競争入札に関する記述として妥当なものはどれか。

1　競争入札に付することが不利と認められるとき，緊急の必要により競争入札に付することができないとき又は競争入札に付し入札者がないときには，指名競争入札によることができる。

2　一般競争入札により契約を締結するときは，入札に参加する者に入札保証金を現金又は銀行の振出し小切手で納めさせなければならず，国債，地方債などによって納めさせることはできない。

3　長は，一般競争入札に参加する者に必要な資格として，契約の種類及び金額に応じ，工事，製造又は販売等の実績，従業員の数，資本の額その他の経営の規模及び状況を要件とする資格を定めることができる。

4　長は，一般競争入札により工事請負契約を締結する場合には，契約内容に適合した履行を確保するため必要があると認められるときでも，予定価格以外に最低制限価格を設けることはできない。

5　長は，開札をした場合において，予定価格の制限の範囲内の価格の入札がないとき又は落札となるべき同価の入札をした者が2人以上あるときは，再度の入札により落札者を定めなければならない。

 193 正解チェック欄 1回目 2回目 3回目

1 × 私法規定が適用になる。

2 × 議決の必要な場合がある（法96条①Ｖ，令121条の２の２）。

3 ○ 法234条①。

4 × 資格要件は定めなければならない（令167条の11②）。また，決定は裁量事項ではない（法234条③，令167条の９，167条の10，167条の13）。

5 × 競争入札に付すことが不利と認められるとき等，一定の場合には随意契約できる（令167条の２）。

正 解 3

 194 正解チェック欄 1回目 2回目 3回目

1 × このような場合は随意契約をすることができる（法234条②，令167条の２）。

2 × 国債や地方債などによることも可能である（令167条の７②）。

3 ○ 正しい（令167条の５）。

4 × 最低制限価格を設けることができる（令167条の10②）。

5 × 入札がないときは再度の入札をすることができる（令167条の８④）。同価の入札をした者が２人以上いるときは，くじにより落札者を定めなければならない（令167条の９）。

正 解 3

Q195 ★★ 契約保証金

契約保証金に関する記述として妥当なものはどれか。

1 契約保証金は，契約の相手方が普通地方公共団体に対し現金で納付しなければならず，契約保証金に代えて国債，地方債などの債権や小切手などの有価証券を担保として提供することはできない。

2 契約保証金は，普通地方公共団体が契約の相手方の債務不履行により契約を解除した場合は，特約がなければ当該普通地方公共団体に帰属し，実損額が契約保証金を下回っても返還する必要はない。

3 契約保証金は，一般競争入札による契約の場合に限って普通地方公共団体が契約の相手方から納付させるものであり，随意契約の場合には納付させることはできない。

4 普通地方公共団体が契約の相手方に対し（契約保証金）の全部を免除した場合は，債務不履行による損害賠償を放棄したものとみなされるが，一部の減額であれば損害賠償請求権は保留される。

5 契約保証金は，入札者が落札した場合において，契約を締結すべき義務の履行の担保として相手方から納付させるものであり，返還を前提としているので契約保証金に利子を付す特約は無効である。

Q196 ★ 指定金融機関

指定金融機関に関する記述として妥当なものはどれか。

1 指定金融機関は，市町村にあっては法律で指定が義務付けられているが，都道府県にあっては指定は任意である。

2 収納代理金融機関は，普通地方公共団体の長が，あらかじめ指定金融機関の意見を聴き，議会の議決を得て指定する。

3 収納代理金融機関は，普通地方公共団体の長が，金融機関のなかから指定するが，信託銀行及び信用組合については指定することができない。

4 公金取扱金融機関は，取扱事務を通じて知り得た秘密を保持する義務を負っており，当該機関の職員に対し地方公務員法上の守秘義務の規定が適用される。

5 指定金融機関は，指定代理金融機関及び収納代理金融機関の公金の収納又は支払の事務を総括する責務を有している。

 **195** 正解チェック欄 1回目 □ 2回目 □ 3回目 □

1　×　国債，地方債など長が確実と認める担保の提供をもって代えることができる（法234条の２②，令167条の16②）。

2　○　正しい（法234条の２②）。

3　×　契約保証金は契約の締結方法を問わない（令167条の16）。

4　×　契約保証金の免除は担保の免除にすぎず，全部であれ一部であれ，損害賠償請求権まで放棄したものとは解されない。

5　×　これは入札保証金についての説明である。契約保証金は，契約者が契約上の義務の履行をしないときにその代償としてこれを地方公共団体の所得とすることによって相手方の義務の履行を促進することを狙いとしている。

正解　2

 **196** 正解チェック欄 1回目 □ 2回目 □ 3回目 □

1　×　市町村と都道府県の説明が逆である（法235条，令168条①，②）。

2　×　議会の議決を得る必要はない（令168条④，⑦，行実昭38.12.19）。

3　×　収納代理金融機関については特段の制限はない。

4　×　守秘義務の規定の適用はない。

5　○　正しい（令168条の２①，②）。

正解　5

197 ★ 一時借入金

一時借入金に関する記述として妥当なものはどれか。

1　一時借入金は，既定の歳出予算内の支出現金の不足を補塡するために借り入れの最高額を予算で定め，普通地方公共団体の会計管理者が借り入れるものである。

2　一時借入金は，既定の歳出予算内の支出現金の不足を補塡するために借り入れの年間総額を予算で定め，普通地方公共団体の会計管理者が借り入れるものである。

3　一時借入金は，予算で定めるところにより，借り入れることができるが，その最高額は当分の間，総務大臣の許可を受けなければならないとされている。

4　一時借入金は，借入日から半年以内に償還しなければならないが，資金不足のために償還できない場合は，年度を超えて借り換えることができる。

5　一時借入金は，既定の歳出予算内の支出現金の不足を補塡するために借り入れの最高額を予算で定め，普通地方公共団体の長が借り入れるものである。

198 ★ 債　権

債権に関する記述として妥当なものはどれか。

1　普通地方公共団体の債権とは，地方税，分担金等の公法上の金銭債権をいい，物件の売払代金，貸付金等の私法上の金銭債権を含まない。

2　普通地方公共団体は，議会の議決がなくても，債権を放棄することができる。

3　普通地方公共団体の長が行う債権の督促は，時効中断の効力を有しない。

4　分担金，使用料，手数料等公法上の金銭債権に係る普通地方公共団体の歳入については未納のままで5年間経過した際，時効を援用しなくても債権が消滅する。

5　普通地方公共団体の長は，私法上の債権で徴収停止，又は履行延期の特約又は処分を行って10年を経過しても同様の状態にあるときは当該債権を免除することができる。

A 197 正解チェック欄 1回目 2回目 3回目

1　×　長が借り入れる（法235条の３①，②）。

2　×　年間総額でなく最高額である。一時借入金の最高額とは，ある時点における一時借入金の現在高の最高額をいう（行実昭26.12.25）。借り入れるのは長である。

3　×　総務大臣の許可を受ける必要はない。

4　×　一時借入金は，その会計年度の歳入をもって償還しなければならない（法235条の３③）。

5　○　あくまで臨時的，便宜的資金繰りの方法として運用されることを予定している（法235条の３）。

正解　5

A 198 正解チェック欄 1回目 2回目 3回目

1　×　普通地方公共団体の債権とは，金銭給付を目的とする権利であり，私法上の債権を含む（法240条①）。

2　×　権利の放棄は，議会の議決事項である（法96条①Ⅹ）。

3　×　法令の規定により普通地方公共団体が行う督促は，最初のものに限り時効中断の効力を有すると解される（行実昭44.2.6，法236条④）。

4　○　公法上の金銭債権の５年の時効は，絶対的消滅時効である（法236条）。

5　×　履行延期の特約又は処分をした債権については正しい（令171条の７①）が，徴収停止の場合は免除の規定はない。

正解　4

199 ★ 金銭債権の消滅時効

金銭債権の消滅時効に関する記述として妥当なものはどれか。

1　普通地方公共団体の有する金銭債権は，民法の定めるところにより，債務者が債務を履行しない状態が3年間継続すれば時効により消滅する。

2　普通地方公共団体の有する金銭債権は，地方自治法に定めるところにより，時効を援用しなければ時効を完成させることができない。

3　普通地方公共団体の有する金銭債権は，民法が適用されるので，裁判の手続きをとらなければ時効を更新することができない。

4　普通地方公共団体の有する金銭債権は，地方自治法以外の法律に時効の定めがあるものを除き，行使できる時から5年間これを行使しないときは，時効によって消滅する。

5　普通地方公共団体の有する金銭債権は，地方自治法の規定に基づき納入の通知をした場合であっても，時効を更新する効力はない。

200 ★ 物　品

地方自治法に定める物品に関する記述として妥当なものはどれか。

1　物品とは，普通地方公共団体の所有に属するすべての動産をいい，その所有に属さない動産で使用のために保管するものは含まれない。

2　物品の出納は，会計管理者の権限であるが，これは，普通地方公共団体の長の通知がなければ行うことができない。

3　物品会計の監査は，普通地方公共団体の長の権限であるが，長は物品会計についての監督権限は有しない。

4　物品の出納の年度区分は，その出納を執行した日の属する年度ではなく，専ら支出負担行為がなされた日の属する年度によることとされている。

5　物品に関する事務に従事する職員は，その取扱いに係る物品については，普通地方公共団体から譲り受けることができない。

 199 正解チェック欄 1回目 2回目 3回目

1 × 平成29年に民法改正法が成立し，それに伴い民法上の権利については，知った時から５年，権利を行使することができる時から10年で消滅時効となる（平成29年民法改正・施行後）。

公法上の権利については，他の法律に定めのあるものを除くほか（例えば国民健康保険法は，行使することができる時から２年）行使することができる時から５年で消滅時効となる（平成29年民法改正・施行後）。

2 × 時効の援用を要しない（法236条②）。

3 × 裁判手続きをとらなければ更新できないわけではない（法236条③，民法147条）。

4 ○ 正しい（法236条①）。

5 × 納入の通知は，時効更新の効力を有する（法236条④）。

なお，平成29年の民法改正法の施行は，平成29年６月２日から起算して３年を超えない範囲内において政令の定める日（令和２年４月１日）から施行となった。施行後は，時効の中断は，時効の更新，時効の停止は，時効の完成猶予となった。

正 解 4

 200 正解チェック欄 1回目 2回目 3回目

1 × 物品とは，普通地方公共団体の所有に属する動産で，現金，公有財産，基金に属する以外のもの及び普通地方公共団体が使用のために保管する動産をいう（法239条①，令170条）。

2 ○ 正しい（法170条②Ⅳ，令170条の３，168条の７②）。

3 × 監督権限は長，監査は監査委員が行う（法149条Ⅴ，199条）。

4 × 年度区分は，その出納を執行した日の属する年度による。

5 × 当該職員は，原則としてその取扱いに係る物品を譲り受けることができないが，売り払いを目的とする物品で長が指定するもの等は譲り受けが可能である（法239条②，令170条の２）。

正 解 2

Q201 ★★ 公有財産①

公有財産に関する記述として妥当なものはどれか。

1 公有財産とは，普通地方公共団体の所有に属する財産であり，不動産，動産，地上権などの用益物権は含まれるが，無体財産権，有価証券等は含まれない。

2 公有財産は，行政財産と普通財産に分類されるが，議会の議決があればいずれも売り払い，貸し付けができ，私法上の契約により私権を設定することもできる。

3 普通地方公共団体の職員は，公有財産を譲り受け又は自己の所有物と交換することができない。

4 公有財産の取得，管理，処分は原則として長の権限に属するが，教育財産については，長の総括の下に教育委員会が管理する。

5 不動産及び動産の従物は公有財産ではない。

Q202 ★★ 公有財産②

公有財産に関する記述として，誤っているものはどれか。

1 公有財産は，不動産，特定の動産，用益物権，無体財産権，有価証券及び出資による権利等に区分される。ただし，土地開発基金に属する土地のように基金に属するものは，公有財産から除かれる。

2 公有財産は，長が原則として管理するが，教育財産については，長の総括の下に，教育委員会が管理する。また，地方公営企業の用に供する資産は，企業の管理者が取得，管理及び処分する。

3 公有財産に関する事務に従事する職員は，その取扱いに係る公有財産を譲り受け，又は自己の所有物と交換することができない。この制限に違反する行為は無効である。

4 行政財産は，公用財産と公共用財産に区分されるが，公共用財産とは，住民の一般的共同使用に供することを本来の目的とする財産をいい，ほとんどが公の施設の物的構成要素となるものである。

5 普通財産は，その経済的価値を発揮することを目的として管理又は処分するものであるため，条例や議会の議決によらずに，交換し，出資の目的とし，支払手段として使用することができる。

A 201 正解チェック欄 1回目 2回目 3回目

1　×　意匠権等の無体財産権，投資信託などの受益証券が含まれる（法238条①）。

2　×　普通財産は議決又は条例により貸し付け，売り払いできるが，行政財産の売り払いはできない（法238条の４，238条の５）。

3　×　できないのは，公有財産に関する事務に従事する職員のみである（法238条の３）。

4　○　正しい（法149条Ⅵ，238条の２②，地教行法28条）。

5　×　不動産及び動産の従物は，法238条①Ⅲにより公有財産とされている。

正解　4

A 202 正解チェック欄 1回目 2回目 3回目

1　○　そのとおり（法238条①）。

2　○　そのとおり（法149条Ⅵ，地教行法28条①，地公企法33条①）。

3　○　そのとおり（法238条の３）。

4　○　そのとおり（法238条④，244条①）。

5　×　条例で定める場合を除き，議会の議決を要する（法96条①Ⅵ）。

正解　5

Q203 ★★ 公有財産③

公有財産に関する記述として，誤っているものはどれか。

1　行政財産は，地方公共団体がその事務又は事業を執行するため直接使用することを本来の目的とする公用財産と，住民の一般的共同利用に供することを本来の目的とする公共用財産に分けられる。

2　長は，公有財産の効率的運用を図るため，委員会等に対し公有財産の取得又は管理について報告を求め，実地について調査し，その結果に基づいて必要な措置を講ずべきことを求めることができる。

3　行政財産は，その用途又は目的を妨げない限度において，国，他の地方公共団体などに対して特定の用途に供する場合に貸し付け又は信託することができる。

4　行政財産の目的外使用を許可した場合において，当該行政財産を公用又は公共用に供する必要が生じたときは，長又は委員会は，一方的に使用の許可を取り消すことができる。

5　普通財産は，行政財産以外の一切の公有財産をいい，原則として，私法の適用のもとに，これを貸し付けたり出資の目的としたりすることなどができる。

Q204 ★★ 公有財産④

公有財産に関する記述として妥当なものはどれか。

1　公有財産は，地方公共団体の所有に属する財産であり，普通財産，行政財産，物品，債権及び基金に区分される。

2　公有財産には，不動産のほかに有価証券や地上権は含まれるが，意匠権等の無体財産権や財産の信託の受益権は含まれない。

3　公有財産である土地は，基金に属する土地に限り，当該地方公共団体を受益者として政令で定める信託の目的により，議会の議決を経てこれを信託することができる。

4　公有財産に関する事務に従事する職員は，その取扱いに係る公有財産を譲り受けることができず，これに違反する行為は無効となり，契約において特段の定めをしても効力はない。

5　公有財産である土地には，行政財産と普通財産とがあるが，いずれもこれを売り払い，譲与し，又は私法上の契約により私権を設定することができる。

1　○　そのとおり（法238条④）。

2　○　そのとおり。これを長の総合調整権という（法238条の2①）。

3　×　行政財産は，信託することはできない（法238条の4①）。

4　○　そのとおり（法238条の4⑨）。

5　○　そのとおり（法238条④，238条の5①）。

正解　3

A 204　正解チェック欄　1回目　2回目　3回目

1　×　物品及び債権並びに基金は，公有財産ではない（法237条①，238条③）。

2　×　これらも公有財産に含まれる（法238条①）。

3　×　基金に属する土地は，公有財産ではない。信託することができるのは，普通財産である土地である（法238条①，238条の5②）。

4　○　法238条の3。本条2項は，強行規定である。

5　×　行政財産は，原則として売り払い，譲与はできない（法238条の4①，238条の5）。なお，平成18年の法改正によって，法238条の4に私権の設定についての条件が明記された。

正解　4

Q205 ★★ 行政財産

行政財産に関する記述として妥当なものはどれか。

1　行政財産は，その目的上これを売り払い，又は譲与することはできないが，政令で定める用途に供する場合には，行政上の許可処分によりこれを交換することができる。

2　行政財産は，公益上の利便のため目的外の使用を許可することが認められているが，その使用関係においては，借地借家法の適用を排除することができる。

3　行政財産である土地は，その用途又は目的を妨げない限度において，自由にこれを貸し付けることができる。

4　行政財産である土地は，その現況を変更しない限りにおいて，当該地方公共団体を受益者として政令で定める信託の目的により，これを信託することができる。

5　行政財産の目的外使用が許可された場合においては，許可の条件に違反する行為があると認めるとき以外は，当該地方公共団体の長により一方的にその許可が取り消されることはない。

Q206 ★★ 普通財産①

普通財産に関する記述として妥当なものはどれか。

1　普通財産は，普通地方公共団体において公用又は公共用に供し，又は供することと決定した財産であり，その用途を廃止した後の財産は普通財産ではない。

2　普通財産は，行政財産以外の一切の公有財産であり，これには歳計現金，債権，物品が含まれる。

3　普通財産は，行政財産以外の一切の公有財産であり，普通地方公共団体は，これを私人と同じ立場で管理処分し，その収益を財源に充てることはできない。

4　普通財産は，住民の福祉を増進する目的をもってその利用に供するため，普通公共団体が設置する施設である。

5　普通財産である土地（定着物を含む）は，当該普通地方公共団体を受益者として政令で定める信託の目的により，これを信託することができる。

A 205 正解チェック欄 1回目 2回目 3回目

1 × 交換することはできない。例外として，貸し付け，又はこれに私権を設定することができる（法238条の4②）。

2 ○ 使用については，借地借家法の規定は適用されない（法238条の4⑦，⑧）。

3 × 法238条の4②。Ⅰ～Ⅵに掲げる場合である。

4 × 普通財産である土地は信託することができるが，行政財産である土地は信託することはできない（法238条の5②，238条の4①）。

5 × 公用又は公共用に供するため必要が生じたとき，及び許可の条件に違反する行為があると認めるときは，当該地方公共団体の長又は委員会は，その許可を取り消すことができる（法238条の4⑨）。

正 解 2

A 206 正解チェック欄 1回目 2回目 3回目

1 × 前段は行政財産の説明。行政財産を廃止した後の財産は普通財産となる（法238条④）。

2 × 前段は正しいが，歳計現金，債権，物品は公有財産ではない。

3 × 普通財産は，普通地方公共団体が私人と同じ立場で，主として財産の経済的価値を保全発揮させる目的で所有するものである（法238条の5）。

4 × 公の施設の説明である（法244条①）。

5 ○ 法238条の5②。なお，普通財産のうち国債等は信託できるようになった（法238条の5③）。

正 解 5

Q207 ★★ 普通財産②

普通財産に関する記述として妥当なものはどれか。

1　普通財産を貸し付けた場合，その貸付期間中に，公用又は公共用に供するため必要を生じても，普通地方公共団体の長は契約の解除をすることはできない。

2　普通財産を貸し付けた場合，その貸付期間中に，普通地方公共団体の長が公用又は公共用に供するため契約を解除した場合，借受人はこれによって生じた損失の補償を求めることはできない。

3　普通地方公共団体の長が，一定の用途並びにその用途に供しなければならない期日を指定し普通財産を貸し付けた場合，借受人が指定された期日を経過してもなお，その用途に供しない場合は，長はその契約を解除しなければならない。

4　普通地方公共団体は，普通財産である土地について，当該普通地方公共団体の議会の同意を得て，第三者を受益者とする信託契約を行うことができる。

5　普通地方公共団体が信託を行うことができる不動産は，普通財産である土地及びその定着物に限られる。

Q208 ★★ 普通財産と行政財産

土地に関する記述として妥当なものはどれか。

1　普通財産である土地は，公の施設を建設することを目的として，当該地方公共団体を受益者とする土地信託を行うことができないが，行政財産に変更した場合にはこれを行うことができる。

2　普通財産である土地は，条例又は議会の議決によらずに貸し付け，交換し，出資の目的とすることができるが，適正な対価なくこれを譲渡する場合には，条例又は議会の議決によらなければならない。

3　行政財産である土地は，その用途又は目的を妨げない限度において，国又は他の地方公共団体に貸し付けることができるが，地上権や地役権などの私権を設定することはできない。

4　行政財産である土地は，その用途又は目的を妨げない限度において，政令で定める法人に貸し付けることができるが，この行為は賃貸借契約によって行われ，借地借家法の規定が適用される。

5　行政財産である土地は，公用に供するため必要を生じたときにその使用許可を取り消すことができるが，普通財産である土地は，公用に供するため必要を生じても貸付契約を解除できない。

207 正解チェック欄 1回目 2回目 3回目

1　×　貸付契約を解除できる（法238条の5④）。

2　×　損失補償を求めることができる（法238条の5⑤）。

3　×　契約を解除することができる（法238条の5⑥）。

4　×　土地信託を行う場合，当該普通地方公共団体を受益者としなければならない（法238条の5②）。

5　○　法238条の5②。

正解　5

A 208 正解チェック欄 1回目 2回目 3回目

1　×　普通財産と行政財産とが逆である（法238条の4①，238条の5②）。

2　×　貸し付け，交換，出資，譲渡の目的とする場合も条例又は議会の議決が必要である（法237条②）。

3　×　地上権，地役権を設定できる（法238条の4②）。

4　○　許可使用でなく，貸し付けによる使用には，借地借家法が適用される（法238条の4②）。

5　×　普通財産の場合も，必要が生じたときは解除できる（法238条の5④）。

正解　4

Q209 ★ 公有地信託

公有地信託に関する記述として妥当なものはどれか。

1　公有地信託は，普通地方公共団体が目標とする配当金を得て信託が終了した時に，信託された土地の所有権が受託者に帰属する制度である。

2　公有地信託は，普通地方公共団体が所有する普通財産である土地を，議会の議決によらずとも信託することができる制度である。

3　公有地信託は，普通財産である土地を対象として，当該地方公共団体を受益者とする場合に限って行うことができる。

4　公有地信託は，地方公営企業が行う場合，財産の管理運営等の面から制限があり，行政財産である土地に限り信託の対象として認められている。

5　公有地信託は，公有地から収入を得るために民間活力を十分活用できる弾力的制度であり，監査委員の監査の対象外であるとされている。

Q210 ★ 基金①

基金に関する記述として妥当なものはどれか。

1　普通地方公共団体は決算上剰余金を生じた場合，特定の目的がなくとも基金を設けることができる。

2　基金の運用から生じる収益及び基金の管理に要する経費は，それぞれ毎会計年度の歳入歳出予算に計上しなければならない。

3　特定の目的のために設置された基金を処分して，同基金の設置目的のために使用する場合，歳入歳出予算に計上しなくてもよい。

4　普通地方公共団体が，特定の目的のために財産を維持し資金を積み立てるために設置される基金についても，長は毎会計年度その運用状況を示す書類を作成して監査委員の審査に付し，その意見をつけて議会に提出しなければならない。

5　基金の管理及び処分に関し必要な事項は，規則で定めることができる。

 209 正解チェック欄 1回目 2回目 3回目

1　×　信託財産は，受益者に返還される。

2　×　土地を信託するには，議会の議決が必要である（法96条①Ⅶ，237条③，238条の５②）。

3　○　正しい（法238条の５②）。

4　×　地方公営企業については，公有地信託の規定も適用される（地公企法６条，33条①，40条）。

5　×　監査委員の監査対象となる（法199条⑦，令140条の７③）。

正 解　3

 210 正解チェック欄 1回目 2回目 3回目

1　×　普通地方公共団体は，特定の目的のためでなければ基金を設けることができない（法241条①）。

2　○　一切の収入・支出は必ず予算に計上する（予算総計主義）という原則を示すとともに，管理費により基金額の減少を防ぐ趣旨である（法241条④）。

3　×　基金の処分による収入及びそれを財源とする経費のすべてを歳入歳出予算に計上しなければならない（法241条③，④，行実昭39.12.24）。

4　×　監査委員の審査に付し議会に提出するのは，定額の資金を運用するための基金であり（法241条⑤），積立基金についてはその必要はない。

5　×　規則でなく条例で定めることが義務付けられている（法241条⑧）。

正 解　2

Q211 ★ 基金②

基金に関する記述として妥当なものはどれか。

1　基金に属する現金の出納及び基金に属する有価証券の保管は，会計管理者の権限である。

2　普通地方公共団体は，特定の目的のために基金を設けた場合，いかなる場合も当該目的のためでなければこれを処分できない。

3　基金の運用益及び管理経費は，それぞれ毎会計年度の特別会計における歳入歳出予算に計上しなければならない。

4　普通地方公共団体の長は，毎会計年度，すべての基金の運用状況を示す書類を作成して監査委員の審査に付し，その意見をつけて議会に提出しなければならない。

5　普通地方公共団体は，特定の目的のための基金を設けた場合，当該目的のために，その基金の全部を処分することはできるが，一部を処分することはできない。

Q212 ★★ 公の施設①

公の施設に関する記述として妥当なものはどれか。

1　公の施設とは，住民の利用に供するための施設であり，公園はこれに含まれるが，公立学校は含まれない。

2　公の施設は，法律又は政令に特別の定めがない限り，その利用について使用料を徴収することはできない。

3　普通地方公共団体は，条例の定めるところにより公の施設の管理を個人に行わせることができる。

4　公の施設は，その設置に関する事項について法律又は政令に特別の定めがあるものを除き，条例でこれを定めなければならない。

5　普通地方公共団体は，公の施設の利用に関し，規則で５万円以下の過料を科する規定を設けることができる。

A 211 正解チェック欄 1回目 2回目 3回目

1　○　基金の管理は，普通地方公共団体の長の権限に属するが，その方法は，基金に属する財産の種類に応じて，それぞれの管理，処分の例による（法241条⑦）。基金に属する現金の出納及び有価証券の保管は，会計管理者の権限である（法170条②Ⅰ，Ⅲ）。

2　×　設置目的の達成ができなくなった場合や必要なくなった場合は，設置条例を廃止すれば処分可能となる（法241条①）。

3　×　法は特別会計の設置を求めていない（法241条④）。

4　×　運用状況を示すのは運用益基金だけであり，特定目的基金についてはその必要はない（法241条⑤）。

5　×　そのような規定は存在していない。

正解　1

A 212 正解チェック欄 1回目 2回目 3回目

1　×　公立学校は住民の利用に供するための施設であり公の施設である（法244条①）。

2　×　条例で定めれば使用料を徴収できる（法225条，228条）。

3　×　管理を行わせることができる相手方は，法人その他の団体で当該普通地方公共団体が指定するもの（指定管理者）であり，個人にはできない（法244条の２③）。

4　○　公の施設の設置とは，物的施設の設置に加え，住民の利用に供する旨の意思表示が必要であり，法律又は政令に特別の定めがあるものを除くほか条例でこれを定めなければならない（法244条の２①）。

5　×　条例で５万円以下の過料を科すことができる（法14条③）。

正解　4

213 ★★ 公の施設②

公の施設に関する記述として妥当なものは次のどれか。

1　公の施設のうち重要なものについて，その設置及び廃止をするときは議会において出席議員の3分の2以上の者の同意を得なければならない。

2　公の施設を長期かつ独占的に利用させようとするときは，議会において出席議員の過半数の同意を得なければならない。

3　普通地方公共団体は，条例の定めるところにより公の施設の管理を団体に行わせることができるが，この場合の団体は法人に限られる。

4　普通地方公共団体は，公の施設の利用料金を指定管理者の収入として収受させることができる。

5　指定管理者が利用料金を定める場合，あらかじめ当該普通地方公共団体の承認を受ける必要はない。

214 ★★ 公の施設③

公の施設に関する記述として妥当なものはどれか。

1　普通地方公共団体は，公の施設の利用について，当該地方公共団体の住民以外の利用者から，住民よりも多額の利用料を徴収することができる。

2　普通地方公共団体は，公の施設をその区域外においては設置することができない。

3　普通地方公共団体は，他の普通地方公共団体の公の施設を自己の住民の利用に供する際の協議については，関係普通地方公共団体の議会の議決は不要である。

4　公の施設は，学校や図書館など住民が利用する建築物のことであり，上下水道や道路は，公の施設に当たらない。

5　公の施設は，住民の利用に供するための施設なので，普通地方公共団体はいかなる場合も住民の利用を拒否できない。

A 213 正解チェック欄 1回目 2回目 3回目

1 × 条例で定める特に重要なものを廃止する場合は，出席議員の3分の2以上の者の同意を得なければならない（法244条の2②）。

2 × 出席議員の3分の2以上の者の同意を得なければならない（法244条の2②）。

3 × 管理を行わせることができる相手方は，法人その他の団体で当該普通地方公共団体が指定するもの（指定管理者）であり（法244条の2③），法人かどうかを問わない。ただし，個人には委託できない。

4 ○ 法244条の2⑧。条例において，利用料金の基本的枠組み（金額の範囲，算定方法等）を定めるべきものとしている（通知平3.4.2）。

5 × あらかじめ当該利用料金について，当該普通地方公共団体の承認を受けなければならない（法244条の2⑨）。

正解 4

A 214 正解チェック欄 1回目 2回目 3回目

1 ○ 公の施設の利用について，不当な差別的取扱いの禁止（法244条③）は，当該地方公共団体の住民に対するものであるから，他の地方公共団体の住民に対して公の施設の使用料の額に差を設けることはできる。

2 × 関係普通地方公共団体との協議により，設置できる（法244条の3①）。なお，設置される地域の住民との間に使用関係を生じないときは，協議を要しない（行実昭25.8.2）。

3 × 関係普通地方公共団体の議会の議決を経なければならない（法244条の3③）。

4 × 公の施設は建築物だけに限らず，上下水道や道路も公の施設といえる（法244条，行実昭47.1.20）。

5 × 正当な理由があれば，住民の利用を拒むことができる（法244条②）。

正解 1

Q215 ★★ 指定管理者制度①

指定管理者制度に関する記述として妥当なものはどれか。

1　普通地方公共団体が，公の施設の管理を指定管理者に行わせるときは，条例で定めれば，あらかじめ，議会の議決を経る必要はない。

2　指定管理者の指定は，期間を定めて行う必要はない。

3　指定管理者がした公の施設を利用する権利に関する処分についての審査請求は，当該公の施設を設置する普通地方公共団体の長に対してする。

4　指定管理者が，その管理する公の施設の利用料金を定め収受する場合，あらかじめ当該普通地方公共団体の承認を受ける必要はない。

5　普通地方公共団体の長又は委員会は，指定管理者に対し管理業務又は経理の状況に関して報告は求められるが，実地調査や指示はできない。

Q216 ★ 指定管理者制度②

指定管理者制度に関する記述として妥当なものはどれか。

1　普通地方公共団体は，営利的な法人又はその他の団体を指定して公の施設の管理を行わせることはできない。

2　道路法，河川法など個別の法律で公の施設の管理主体が限定される場合には，指定管理者制度を採ることはできない。

3　普通地方公共団体は，条例で定めれば指定管理者に行政財産の目的外使用許可を行わせることができる。

4　指定管理者を定める条例には，指定の手続き，管理の基準及び業務の範囲を定めるほか，指定管理者の個人情報保護義務を規定することはできない。

5　普通地方公共団体は，当該指定管理者による管理を継続することが適当でないと認めた場合，業務の停止を命ずることはできるが，指定の期間内はその指定を取り消すことはできない。

 **215** 正解チェック欄 1回目 2回目 3回目

1　×　指定管理者の指定を行う場合には，あらかじめ，当該普通地方公共団体の議会の議決を要する（法244条の2⑥）。

2　×　指定管理者の指定は，期間を定めて行う（法244条の2⑤）。

3　○　法244条の4①。

4　×　指定管理者が利用料金を収受する場合には，あらかじめ普通地方公共団体の承認を受けなければならない（法244条の2⑨後段）。

5　×　普通地方公共団体の長又は委員会は指定管理者に対し，当該管理の業務又は経理の状況に関し報告を求め，実地について調査し，又は必要な指示をすることができる（法244条の2⑩）。

正解　3

 **216** 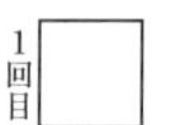 正解チェック欄 1回目 2回目 3回目

1　×　公の施設の指定管理者は，法人その他の団体であって，当該普通地方公共団体が条例の定めるところにより指定するものであり（法244条の2③），営利法人も指定を受けることができる。

2　○　総務省自治行政局長通知（平成15年7月17日付総行行第87号。以下「総務省通知」とする）。

3　×　総務省通知では，使用料の強制徴収や行政財産の目的外使用許可等を例示し，これらを指定管理者に行わせることはできないとしている。

4　×　指定の効果により指定管理者に生じる権利義務として，自治法に基づくもののほか，条例で付加することが可能である（法244条の2④）。総務省通知では，個人情報保護義務を付加できるとされている。

5　×　普通地方公共団体は，当該指定管理者による管理を継続することが適当でないと認めるときは，その指定を取り消し，又は期間を定めて管理の業務の全部又は一部の停止を命ずることができる（法244条の2⑪）。

正解　2

Q217 ★★ 住民監査請求①

住民監査請求に関する記述として妥当なものはどれか。

1　請求権者は，法律上の行為能力を有する普通地方公共団体の住民であれば，国籍の有無を問わず，個人でも法人でもよい。

2　請求の対象となるのは，普通地方公共団体の長，委員会又は委員の行為に限られ，職員の行為は除かれる。

3　請求の対象となる行為は，違法又は不当な財務会計上の行為に限られ，管理を怠る事実については請求の対象とならない。

4　請求に基づく監査の結果は，請求人に書面により通知すれば足り，公表の必要はない。

5　監査委員の勧告を受けた議会，長その他の執行機関又は職員は，勧告の内容に拘束され，必要な措置を講じなければならない。

Q218 ★★ 住民監査請求②

住民監査請求に関する記述として妥当なものはどれか。

1　請求の手続きは，直接請求の場合と同様に，選挙権を有する者の一定数以上の連署をもって行うこととされている。

2　監査請求の対象とする行為のあった日又は終わった日から1年を経過したときは，いかなる場合も請求をすることはできない。

3　監査の結果，監査委員は，請求に理由があると認めるときは，普通地方公共団体の議会，長その他の執行機関又は職員に対し期間を示して必要な措置を講ずべきことを勧告し，その内容を請求人に通知し，かつ，これを公表しなければならない。

4　監査委員は監査及び勧告を，請求があった日から30日以内に行わなければならない。

5　監査委員が監査を行うにあたっては，請求人に証拠の提出又は陳述の機会を与えることができる。

 正解チェック欄 1回目 2回目 3回目

1　○　行為能力を有する住民であれば国籍，選挙権，納税の有無を問わず，また，個人たると法人たるとを問わない（法242条，行実昭23.10.30）。

2　×　職員も含まれる（法242条①）。

3　×　怠る事実も対象となる（法242条①）。

4　×　請求に理由がないと認めるときでも理由があると認めるときでも，監査結果は公表しなければならない（法242条⑤）。

5　×　勧告を受けた機関はこれを尊重する義務はあるが，法的に拘束されるものではなく，自らの判断で必要な措置を取り得る（法242条⑨）。

正解　1

 218 正解チェック欄 1回目 2回目 3回目

1　×　1人でも請求できる。

2　×　正当な理由があれば請求できる（法242条②）。

3　○　法242条5項。

4　×　60日以内に行わなければならない（法242条⑥）。

5　×　証拠の提出及び陳述の機会を与えなければならない（法242条⑦）。

正解　3

Q219 ★ 住民監査請求③

住民監査請求に関する記述として妥当なものはどれか。

1　住民監査請求があった場合に，監査委員が当該行為の停止を勧告するには，当該行為が違法であると思料するに足りる相当な理由があり，かつ，当該地方公共団体に生ずる回復困難な損害を避けるため緊急の必要があれば足りる。

2　住民監査請求があった場合に，監査委員が当該行為の停止を勧告する権限は，外部監査人にも認められている。

3　住民監査請求があった場合に，監査委員が当該行為の停止を勧告した場合には，監査委員は当該勧告の内容を住民監査の請求人に通知するだけでよい。

4　住民監査請求は，千字以内で要旨を記載した文書で行わなければならない。

5　住民監査請求があった場合に，監査委員は，請求人又は関係のある普通地方公共団体の長等の執行機関若しくは職員の陳述の聴取を行う場合において，必要があれば関係のある普通地方公共団体の長その他の執行機関若しくは職員又は請求人を立ち会わせることができる。

Q220 ★★ 住民訴訟①

住民訴訟に関する記述として妥当なものはどれか。

1　住民訴訟は，住民監査請求と一連の手続きとして行われ，訴訟の対象範囲も監査請求の対象範囲と一致し，行政上の違法又は不当な行為が対象となる。

2　住民訴訟は，監査委員の勧告又は勧告を受けた普通地方公共団体の議会，長その他の執行機関若しくは職員のとった措置に不服がある場合に，当該勧告又は措置を対象として提起することができる。

3　住民監査請求を経なくても普通地方公共団体の住民は住民訴訟を提起できる。

4　住民訴訟の出訴期間については，行政運営の早期安定性を確保するため30日の出訴期間が定められ，これは不変期間とされている。

5　住民訴訟を提起した者が勝訴（一部勝訴を含む。）した場合に弁護士報酬を支払うべきときは，当該普通地方公共団体に対し，常にその報酬全額の支払いを請求することができる。

219 正解チェック欄 1回目 2回目 3回目

1　×　停止の勧告を行うには，さらに，当該行為の停止によって人の生命又は身体に対する重大な危害の発生の防止その他公共の福祉を著しく阻害するおそれがないと認められることが必要である（法242条④）。

2　×　外部監査人には，暫定的停止勧告権限は認められていない（法252条の43⑤）。

3　×　勧告内容を請求人に通知し，公表しなければならない（法242条④）。

4　×　平成14年の法改正により，字数制限は廃止されている（令172条①）。

5　○　法242条８項。

正　解　5

220 正解チェック欄 1回目 2回目 3回目

1　×　訴訟の対象となるのは「違法な行為又は怠る事実」に限られ，不当な行為は含まれない（法242条の２①）。

2　×　住民訴訟は「違法な行為又は怠る事実」に対して提起でき（法242条の２①），勧告又は措置自体を対象としては提起できない。

3　×　住民訴訟を提起できるのは，住民監査請求を経た当該普通地方公共団体の住民に限られる（法242条の２①）。住民監査請求をしなかった住民は訴訟参加のみが許される。

4　○　法242条の２②，③。

5　×　弁護士又は弁護士法人に支払う報酬額の範囲内で相当と認められる額の支払いを請求できる（法242条の２⑫）。常に全額請求できるわけではない。

正　解　4

Q221 ★ 住民訴訟②

住民訴訟に関する記述として妥当なものはどれか。

1　住民訴訟で，地方公共団体の違法な財務会計行為の差し止めを求めるには，回復の困難な損害を生じるおそれがある場合に限られる。

2　住民訴訟により，財務会計上の違法行為を行った職員に対し不当利得返還請求を行う場合，職員の善意・悪意に関わらず，返還の範囲は現存利益に限られている。

3　住民訴訟は，地方公共団体の財務会計上の違法行為の予防や是正を目的として，住民が当該地方公共団体に代位して当該職員等の個人責任を追及するものである。

4　普通地方公共団体の住民が提起した住民訴訟が係属しているときは，当該普通地方公共団体の他の住民は，別訴をもって同一の請求をすることができない。

5　普通地方公共団体の住民が提起した住民訴訟は，当該普通地方公共団体の事務所の所在地を管轄する高等裁判所の管轄に専属する。

Q222 ★ 指定公金事務取扱者

指定公金事務取扱者に関する記述として妥当なものはどれか。

1　普通地方公共団体は，法律又は政令に特別の定めがある場合を除くほか，公金取扱事務を私人に行わせてはならない。

2　普通地方公共団体の長は，公金事務を委託したときは，委託を受けた者の名称及び，住所又は事務所所在地を告示すれば足りる。

3　指定公金事務取扱者は，その名称，住所又は事務所所在地を変更するときは，総務省令により，あらかじめ総務大臣に届け出なければならない。

4　会計管理者は，指定公金事務取扱者について，定期および臨時に公金事務の状況を検査しなければならない。

5　監査委員は，会計管理者が行う指定公金事務取扱者についての検査について，会計管理者に対し報告を求めなければならない。

 221 正解チェック欄 1回目 2回目 3回目

1　×　平成14年改正により「回復の困難な損害を生じるおそれ」という要件は削除されている（法242条の2①）。

2　×　平成14年の法改正により，返還の範囲について「当該職員に利益の存する限度に限る」規定は削除され，一般法たる民法の規定が適用され，悪意者の返還範囲は利得すべてに及ぶ（法242条の2①，民法703条，704条）。

3　×　平成14年の法改正により，従来代位訴訟として構成されてきた4号訴訟を，当該職員又は当該行為や怠る事実に係る相手方に対して損害賠償又は不当利得返還の請求をすることを，当該普通地方公共団体の執行機関等に対し求める請求と再構成された（法242条の2①Ⅳ）。

4　○　法242条の2④。

5　×　地方裁判所の管轄に専属する（法242条の2⑤）。

正解　4

 222 正解チェック欄 1回目 2回目 3回目

1　×　普通地方公共団体が私人に公金取扱事務を行わせることができる場合としては，第243条の2①の規定により委託する場合も含まれる（法243条，令和6年4月1日施行）。

2　×　告示事項には，公金事務に係る歳入等又は歳出その他総務省令で定める事項も含まれる（法243条の2②，令和6年4月1日施行）。

3　×　名称等の変更については，あらかじめ，普通地方公共団体の長に届け出なければならない（法243条の2③，令和6年4月1日施行）。

4　○　その通り（法243条の2⑧，令和6年4月1日施行）。

5　×　監査委員は，会計管理者が行う指定公金事務取扱者についての検査について，会計管理者に対し報告を求めることができる（法243条の2⑩，令和6年4月1日施行）。

正解　4

Q223 ★ 職員の賠償責任①

職員の賠償責任に関する記述として妥当なものはどれか。

1　普通地方公共団体は，条例で，長や職員等の当該団体に対する損害賠償責任について，その職務を行うにつき故意又は重過失がないときは，賠償責任額を限定してそれ以上の額を免責する旨を定めることができる。

2　普通地方公共団体の長は，２人以上の職員の行為によって損害が生じたときは，それぞれの職員の行為が損害の発生の原因となった程度に応じて賠償を命じなければならない。

3　普通地方公共団体の長は，職員の賠償責任の決定後，損害が避けがたい事故によるものと判明したときに，職権で賠償責任の全部又は一部を免除でき，この場合には議会の同意を得る必要がある。

4　普通地方公共団体の長は，損害賠償の命令を受けた職員が審査請求をした場合に，監査委員に諮問しなければならない。

5　普通地方公共団体の長は，過失により現金を亡失した職員が退職した場合には，当該職員に賠償を命じることができない。

Q224 ★ 職員の賠償責任②

職員の賠償責任に関する記述として妥当なものはどれか。

1　普通地方公共団体の長は，現金を保管している職員が軽過失によりその現金を亡失したときは，監査委員に対し賠償責任の有無及び賠償額の決定を求めるが，監査委員は損害金額から過失の程度により一部を減額し，賠償額を決定することができる。

2　普通地方公共団体の長は，当該職員の損害不可避の証明を相当と認めるときは，議会の同意を得て，賠償責任の全部又は一部を免除できるが，あらかじめ監査委員の意見を聴き，その意見をつけて議会に付議しなければならない。

3　普通地方公共団体の長は，賠償責任を命ぜられた職員から処分について審査請求があったときは，議会に付議しなければならない。

4　普通地方公共団体の長が対象職員に賠償を命ずる住民訴訟の判決が確定した場合であっても，長は監査委員に対して賠償責任の有無の決定を求めなければならない。

5　会計職員等の賠償責任が認められる場合の責任については，民法の賠償責任に関する規定が適用される。

A 223 正解チェック欄 1回目 2回目 3回目

1　×　長や職員等が，職務を行うにつき善意でかつ重大な過失がないときは，賠償責任額を限定して免責する旨を条例で定めることができる（法243条の2の7，令和6年4月1日施行）。

2　×　それぞれの職員の職分に応じ，かつ，当該行為が損害の発生の原因となった程度に応じて賠償責任を負う（法243条の2の8②）。

3　○　長は，職員の証明を相当と認めるときは，議会の同意を得て，賠償責任の全部又は一部を免除できる（法243条の2の8⑧）。

4　×　損害賠償命令に対して職員は，原則的には審査請求ができる（法243条の2の8⑩）。長は，審査請求があったときは，議会に諮問して裁決しなければならない（法243条の2の8⑪）。

5　×　職員の退職後又は死亡後でも5年間の経過により賠償責任が時効消滅するまでは，賠償を命じられる（行実昭25.10.12，法236条，243条の2の8③）。

正解　3

A 224 正解チェック欄 1回目 2回目 3回目

1　×　現金の亡失が軽過失による場合に，監査委員が賠償額を減額できる旨の規定はない。

2　○　法243条の2の8・8項。

3　×　普通地方公共団体の長は，議会に諮問してこれを裁決しなければならない（法243条の2の8⑪）。

4　×　この場合は，長は監査委員に賠償責任の有無の決定を求める必要はない（法243条の2の8④）。

5　×　この場合の責任は，公法上の特別責任である（法243条の2の8①，⑭）から，民法の規定は適用されない。

正解　2

Q225 ★ 事務の共同処理

普通地方公共団体の事務の共同処理に関する記述として妥当なものはどれか。

1　普通地方公共団体が協議会を設置するときは，すべて関係普通地方公共団体の議会の議決を必要とする。
2　協議会が事務を管理し執行した場合の効力は，当然には関係普通地方公共団体の長その他の執行機関の行為であるとは認められない。
3　事務の委託をした普通地方公共団体は，当該委託事務についてもなお管理執行権限は失わないから事務を処理できる。
4　事務の委託を行う場合，関係普通地方公共団体の協議を行うが，この協議については総務大臣又は都道府県知事に届け出を行い，議会の議決を経なければならない。
5　職員の派遣を受けた普通地方公共団体は，当該職員に係る給料，すべての手当，旅費を負担する。

Q226 ★ 条例による事務処理の特例①

条例による事務処理の特例に関する記述として妥当なものはどれか。

1　都道府県知事の権限に属する事務の一部を，条例又は条例の委任による規則で市町村が処理することと定めた場合（以下「条例による事務処理の特例」という。）は，当該市町村の長がその事務を管理及び執行する。
2　市町村長は，議会の議決を経ずに，都道府県知事に対しその権限に属する事務の一部を，条例による事務処理の特例により，当該市町村が処理できるようにするよう要請できる。
3　条例による事務処理の特例の場合で，当該市町村に適用があるとされる法令により，国の行政機関は市町村に対して，直接，助言や資料提出の要求等を行うことができる。
4　条例による事務処理の特例の場合で，当該市町村に適用があるとされる条例により，市町村が国の行政機関と行う協議は，都道府県知事を通じて行うことができる。
5　都道府県知事は，条例による事務処理の特例がなされた事務のうち自治事務の処理が法令の規定に違反していると認めるときは，各大臣の指示を待って，違反の是正を求めることができる。

 225 正解チェック欄 1回目 2回目 3回目

1 × 事務の管理及び執行の連絡調整協議会を設置する場合を除き，関係普通地方公共団体の議会の議決を要する（法252条の2の2③）。なお，平成23年5月の自治法改正により，普通地方公共団体は，議会事務局の共同設置も可能となった（法252条の7①）。

2 × 協議会と関係普通地方公共団体の長その他の執行機関との間には，代理に準ずる効果が認められている（法252条の5）。

3 × 事務の委託をした普通地方公共団体は，委託した事務の管理執行権限を失うから事務の処理はできない（法252条の14①）。

4 ○ 事務の委託については議会の関与は必要不可欠。また総務大臣，都道府県知事への届け出も義務とされている（法252条の14①，③）。

5 × 退職手当，退職年金，退職一時金は，派遣した普通地方公共団体が負担する。ただし，特別の事情があるときは，相互の協議により，派遣を求める普通地方公共団体が退職手当の全部又は一部を負担することができる（法252条の17②）。

正解 4

 226 正解チェック欄 1回目 2回目 3回目

1 ○ 法252条の17の2①，②。

2 × 市町村長が都道府県知事に対し，条例による事務処理の特例による事務の一部の移譲を要請するには，議会の議決が必要である（法252条の17の2③）。

3 × 直接でなく，都道府県知事を通じて行う（法252条の17の3②）。

4 × 都道府県知事を通じて行う協議の根拠は，条例でなく，法令の規定である（法252条の17の3③）。

5 × 都道府県知事は各大臣の指示がない場合であっても是正要求できる（法252条の17の4①，245条の5②，③）。

正解 1

Q227 ★ 条例による事務処理の特例②

条例による事務処理の特例に関する記述として妥当なものはどれか。

1　条例による事務処理の特例で条例（特例条例）を制定する場合，都道府県知事は，あらかじめ市町村長に協議する必要はない。

2　特例条例を制定した場合，当該事務について規定する法令，条例又は規則中都道府県に関する規定は，当該事務の範囲内において，当該市町村に適用される。

3　特例条例により，法令に基づく都道府県事務を市町村の事務とした場合，都道府県の条例・規則は，当然に市町村に適用される。

4　特例条例により，都道府県条例に基づく事務を市町村の事務とした場合，当該事務を規定する条例の委任を受けた規則は，当然に市町村に適用される。

5　特例条例により，都道府県から市町村へ移譲する事務について手数料が徴収できる場合，市町村に都道府県の手数料条例が直接適用され，市町村は手数料条例に規定せずとも手数料を徴収できる。

Q228 ★ 政令指定都市

政令指定都市に関する記述として妥当なものはどれか。

1　政令で指定する人口100万以上の市は，地方自治法上，指定都市と呼ばれ，その他の市とは異なる取扱いを受ける。

2　指定都市は，特別地方公共団体であり，規則で区が設置され，区には議会を置かなければならない。

3　指定都市は，特別地方公共団体であり，その事務配分上の特例として，特別区と同一の事務処理権能が付与されている。

4　指定都市の市長は，条例でその区域を分けて区を設け，その区には選挙管理委員会が置かれる。

5　指定都市の区長は，必要と認めるときは，規則で，区に区地域協議会を置くことができる。

 227 正解チェック欄 1回目 2回目 3回目

1　×　都道府県知事は，あらかじめ市町村長に協議しなければならない（法252条の17の２②）。

2　○　法252条の17の３①。

3　×　当然には市町村には適用されない。当該法令に基づく事務に関して都道府県が定めていた条例・規則を市町村にも適用する必要がある場合は，特例条例中において市町村が処理する事務の範囲を規定する際，「○○法及び○○条例（又は○○法の施行のための規則）に基づく事務」と規定し，法令及び条例・規則も明記する必要がある。

4　×　当然には市町村には適用されない。特例条例中に，条例及び規則も明記する必要がある。

5　×　特例条例により，都道府県事務を市町村へ移譲した場合，自治法の各種規定は市町村事務として適用される。従って，市町村は条例を定めなければ手数料を徴収できない（法227条，228条）。

正解　2

 228 正解チェック欄 1回目 2回目 3回目

1　×　政令で指定する人口50万以上の市が，指定都市である（法252条の19①）。

2　×　指定都市は普通地方公共団体であり，条例で区が設置され，区には議会を置く必要はない（法252条の20）。

3　×　指定都市は普通地方公共団体であり，権限として都道府県が処理している事務の一部が移譲される（法252条の19①）。

4　○　法252条の20①，⑤。

5　×　指定都市は，必要と認めるときは，条例で，区ごとに区地域協議会を置くことができる（法252条の20⑦）。

正解　4

Q229 ★★ 政令指定都市と中核市

政令指定都市と中核市に関する記述として妥当なものはどれか。

1　指定都市は，条例で区を設け，区の事務所が分掌する事務を定めることができる。

2　指定都市の指定要件としては人口及び行財政能力が定められており，住民投票において投票数の過半数の同意が必要である。

3　中核市の要件として人口30万以上50万未満の市の場合は，面積100平方キロメートル以上が必要とされる。

4　中核市は，関係市の申出により政令で指定されるものであり，あらかじめ，当該市の議会の議決を経て，当該都道府県の議会の議決による都道府県の同意を得なければならない。

5　中核市が事務を処理する際に，都道府県知事等の許認可等の処分を要する場合，政令の定めるところにより，これらの処分を要せず，各大臣の許認可等の処分を要するものとしている。

Q230 ★★ 中核市①

中核市に関する記述として妥当なものはどれか。

1　中核市の要件は，政令で定める。

2　中核市の要件として，人口については50万以上，面積については100平方キロメートル以上を有する必要がある。

3　中核市は，政令指定都市と同じく行政区を設置できる。

4　中核市の指定に係る手続きは，当該市の議会の議決を経て，都道府県の議会の議決を経た上で都道府県の同意を得，当該市からの総務大臣への申出に基づき，総務大臣が政令で指定する。

5　中核市について，政令指定都市の指定があった場合でも，中核市の指定の効力を失わない。

1　×　指定都市は，区の事務所が分掌する事務を条例で定めなければならない（法252条の20②）。

2　×　指定都市の指定要件は人口のみである（法252条の19①）。

3　×　平成26年の法改正により，特別市の廃止とともに中核市の指定要件としては人口20万以上であれば足りるとされた（法252条の22①）。

4　○　法252条の24。

5　×　設問は指定都市の場合の説明であり，中核市にこのような規定はない（法252条の19②）。

正　解　4

A 230 正解チェック欄 1回目 2回目 3回目

1　×　中核市の要件は自治法で，「政令で指定する人口20万以上の市」と定められている（法252条の22①）。

2　×　中核市の要件としては人口20万以上であれば足りる（法252条の22①）。

3　×　中核市には行政区の設置を認める規定はない。

4　○　法252条の24。

5　×　政令指定都市の指定があった場合は，中核市の指定は効力を失う（法252条の26）。

正　解　4

Q231 ★★ 中核市②

中核市に関する記述として妥当なものはどれか。

1 人口50万未満の市が中核市となるには，面積100平方キロメートル以上有することが必要である。

2 総務大臣は，法定要件が整っていれば，市からの申出がなくても，職権で当該市を中核市に指定することができる。

3 市が中核市の申出を行うときは，あらかじめ，当該市の議会の議決を経て，都道府県の同意を得なければならない。

4 中核市の指定に当たっては，事務移譲を行う都道府県と移譲される市とが相互に調整を行う必要があるが，都道府県の同意について都道府県議会の議決は必ずしも必要ない。

5 中核市に指定された市の区域の全部を含む区域をもって，市を設置する処分について，市町村の廃置分合・境界変更の手続により総務大臣に届出があっても，中核市の申出についての「関係市からの申出」とはみなされない。

Q232 ★ 特別区①

特別区に関する記述として妥当なものはどれか。

1 特別区は，特別地方公共団体であり，中核市が処理することのできる事務のすべてを処理する権限を有する。

2 特別区は，普通地方公共団体であり，府県が処理することのできる事務の一部を処理する権限を有する。

3 特別区は，特別地方公共団体であり，総務大臣は特別区相互間の財源の均衡化を図るための措置を執ることができる。

4 特別区は，普通地方公共団体であり，市町村が処理することのできる事務のすべてを処理する権限を有する。

5 特別区は，特別地方公共団体であり，都知事は都と特別区及び特別区相互間の調整上，特別区の事務の処理について，必要な助言又は勧告をすることができる。

 231 正解チェック欄 1回目 2回目 3回目

1　×　中核市の要件としては人口20万以上であれば足りる（法252条の22①）。

2　×　関係市からの申出が法定されているので，総務大臣が職権で中核市の指定をすることはできない（法252条の24①）。

3　○　法252条の24②。

4　×　都道府県の同意については，都道府県議会の議決を経なければならない（法252条の24）。

5　×　法７条１項の規定による総務大臣への届出は，中核市の指定に当たっての「関係市からの申出」とみなされる（法252条の26の２）。

正　解　3

 232 正解チェック欄 1回目 2回目 3回目

1　×　特別区は，地域における事務，法令により市及び特別区に属する事務を処理する（法281条②）。特別区が中核市の処理できる事務をすべて処理できるとはいえない（法252条の22参照）。

2　×　特別区は特別地方公共団体であり（法１条の３③），市の事務は処理できるが，府県が処理する事務の権限までは有していない（法281条）。

3　×　都は政令の定めるところにより条例で，都区相互間の調整上必要な措置を講じなければならない。都が必要な措置を講じたときは，総務大臣へ報告義務がある（法282条①，③）。

4　×　特別区は特別地方公共団体であり（法１条の３③），下水道法等個別の法律により，市に属する事務であっても都が処理するとされた事務は都の事務とされている（法281条②）。

5　○　法281条の６。

正　解　5

Q233 ★ 特別区②

特別区に関する記述として妥当なものはどれか。

1　特別区は，特別地方公共団体であり，未だ基礎的な地方公共団体とは位置づけられていない。

2　特別区の廃置分合又は境界変更は，関係特別区の申請に基づき都知事が定めれば足り，都議会の議決を経る必要はない。

3　都知事は，特別区に対し，都と特別区及び特別区相互間の調整上，特別区の事務処理の基準を示す等必要な助言又は勧告をすることはできない。

4　都は，都及び特別区並びに特別区相互間の財源の均衡化を図り，特別区の行政の自主的かつ計画的な運営を確保するため，条例で，特別区財政調整交付金を交付するものとする。

5　特別区財政調整交付金に関する条例を制定する場合においては，都知事は，あらかじめ都区協議会の意見を聴く必要はない。

Q234 ★ 特別区③

特別区に関する記述として妥当なものはどれか。

1　特別区は，市及び府県の権能の一部を有し，複数の狭域的地方公共団体が一体となり一つの大都市を構成する場合に，政令で指定される。

2　都と特別区が協議により規約に基づいて設置する都区協議会は，任意の協議会であり法律上設置を義務付けられたものではない。

3　都知事は，その事務の中で主として特別区の区域内に関するものについては，都の規則により特別区の区長に委任して管理，執行させている。

4　都区協議会は，都及び特別区の事務の処理について，都と特別区及び特別区相互間の連絡調整を図るために設置されている。

5　都は，条例で都区協議会を設置しており，この協議会は，都と特別区に共通する事務を執行する権限を有している。

 233　正解チェック欄　1回目　2回目　3回目

1　×　特別区は特別地方公共団体であるが，基礎的な地方公共団体と明記された（法281条の２②）。

2　×　都議会の議決が必要である（法281条の４①）。

3　×　都知事は，必要な助言又は勧告ができる（法281条の６）。

4　○　法282条１項。

5　×　都知事は，あらかじめ都区協議会の意見を聴くことが義務付けられている（法282条の２②）。

正解　4

A 234　正解チェック欄　1回目　2回目　3回目

1　×　これは政令指定都市に関する説明である。

2　×　自治法により都区協議会の設置が義務付けられている（法282の２①）。

3　×　機関委任事務制度廃止により区長委任条項も廃止。条例による事務処理の特例制度が創設され，条例又は条例の委任に基づく規則により，都知事の事務を特別区の事務とすることができる（法252条の17の２，283条①）。

4　○　法282条の２①。

5　×　都区協議会は，都と特別区及び特別区相互間の連絡調整を図るためのものであり，事務の執行権は有していない（法282条の２①）。

正解　4

Q235 ★ 地縁団体

地縁による団体に関する記述として妥当なものはどれか。

1　地縁による団体とは，地域活動を行うボランティアにより構成される団体をいう。

2　地縁による団体は，市町村長の認可を受けることで，一般社団法人となる。

3　地縁による団体が，地方自治法第260条の2第2項の要件に該当する場合には，必ず法人になるための認可を申請しなければならない。

4　認可を受けた地縁による団体は，国籍，居住年数など規約に定めた事由があれば，当該団体への加入を拒むことができる。

5　認可を受けた地縁による団体は，特定政党のための政治活動を行うことはできない。

Q236 ★★ 広域連合①

広域連合に関する記述として妥当なものはどれか。

1　国は，その行政機関の長の権限に属するすべての事務について，法律又は政令の定めにより，広域連合に処理させることができる。

2　都道府県は，その執行機関の権限に属するすべての事務について，条例の定めにより，広域連合に処理させることができる。

3　都道府県が，都道府県の加入しない広域連合の事務に関連するものを，事務処理の特例を定める条例により，広域連合に事務を処理させる場合，都道府県知事は当該広域連合の長に協議する必要はない。

4　都道府県が加入する広域連合の長は，国の行政機関の長の権限に属するすべての事務について，当該広域連合に処理させるよう要請することができる。

5　都道府県が加入しない広域連合の長は，その議会の議決を経て，都道府県に対し，当該広域連合に密接に関連する都道府県の事務の一部を当該広域連合に処理させるよう要請することができる。

 235 正解チェック欄 1回目 2回目 3回目

1　×　地縁による団体とは，町会や自治会等市町村内の一定の区域に住所を有する者の地縁に基づいて形成された団体のことである（法260条の２①）。

2　×　市町村長の認可を受けたときは，規約の目的の範囲内で権利義務の帰属主体となる。法人格を取得するが，一般社団法人になるわけではない（法260条の２①）。

3　×　認可の申請は，あくまで当該団体の自主的判断とされている（法260条の２②，通知平3.4.2）。

4　×　正当な理由がない限り，その区域に住所を有する個人の加入を拒むことはできない（法260条の２⑦）。

5　○　認可を受けた地縁による団体は，特定の政党のために利用してはならない（法260条の２⑨）。

正解　5

 236  1回目 2回目 3回目

1　×　行政機関の長の権限に属する事務で広域連合の事務に関連するものを処理させることができる（法291条の２①）。

2　×　都道府県の加入しない広域連合の事務に関連するものを処理させることができる（法291条の２②）。

3　×　都道府県知事はあらかじめ，当該広域連合の長に協議しなければならない（法291条の２③，252条の17の２②）。

4　×　広域連合の議会の議決を経て，当該広域連合に密接に関連する国の行政機関の長の権限に属する事務の一部を当該広域連合に処理させるよう要請できる（法291条の２④）。

5　○　法291条の２⑤。

正解　5

Q237 ★★ 広域連合②

広域連合に関する記述として妥当なものはどれか。

1　広域連合の規約に定める広域連合の区域は，必ず当該広域連合を組織する地方公共団体の区域を合わせたものとする。

2　広域連合の議会の議員，長その他の職員は，当該広域連合を組織する地方公共団体の議会の議員，長その他の職員と兼ねることができる。

3　広域連合の議会の議員の選挙は，当該広域連合の選挙人の投票によってのみ行うものとされている。

4　広域連合についても直接請求を行うことができるが，広域連合の議会の解散請求については認められていない。

5　広域連合は広域計画の定める事項を一体的かつ円滑に推進するために条例により協議会を設置できるが，協議会の運営に関してはすべて広域連合の長に任されている。

Q238 ★★ 広域連合③

広域連合に関する記述として妥当なものはどれか。

1　広域連合は，政令指定都市や中核市と同じく，普通地方公共団体と位置づけられている。

2　広域連合は，当該広域連合が設けられた後，速やかに，総務大臣の許可を得て，広域計画を作成しなければならない。

3　都道府県及び市町村は広域連合を設けることができるが，特別区は設けることができない。

4　都道府県の加入する広域連合に，その執行機関として長に代えて理事会を置くことはできない。

5　広域連合の長は，政令で特別の定めをするものを除き，その規約で定めるところにより，広域連合の選挙人の投票又は広域連合を組織する地方公共団体の長の投票により選挙される。

A 237 正解チェック欄 1回目 2回目 3回目

1　×　都道府県の加入する広域連合で特別の事情があるときは，都道府県の包括する市区町村で当該広域連合を組織しないものの一部又は全部を除いた区域を定められる（法291条の4②ただし書）。

2　○　法は兼職を認めている（法291条の4④）。

3　×　広域連合を組織する地方公共団体の議会においても選挙できる（法291条の5①）。

4　×　条例の制定改廃の請求等直接請求の制度（法291条の6①）を設けており，広域連合の議会の解散請求もできる。

5　×　協議会の構成員は広域連合の長が任命するが，その他の運営に関しては，広域連合の条例で定める（法291条の8）。

正解　2

A 238 正解チェック欄 1回目 2回目 3回目

1　×　広域連合は地方公共団体の組合であり，特別地方公共団体である（法1条の3③，284条①）。

2　×　広域連合は，総務大臣の許可ではなく，その議会の議決を経て，広域計画を作成しなければならない（法291条の7①）。

3　×　特別区も広域連合を設けることができる（法284条③）。

4　×　都道府県の加入する広域連合の長に代えて理事会を置くことができる（法291条の2④括弧書き）。

5　○　正しい（法291条の5②）。

正解　5

Q239 ★★ 一部事務組合①

一部事務組合に関する記述として妥当なものはどれか。

1　一部事務組合の構成団体は，その議会の議決を経さえすれば，一部事務組合から脱退することができる。

2　一部事務組合の設置により，その組合内の地方公共団体の執行機関の権限に属する事項がなくなった場合でも，その執行機関は当然には消滅しない。

3　市町村及び特別区の一部事務組合については，その共同処理事務が組合を構成するすべての市町村又は特別区に共通する種類のものでなくてはならない。

4　公益上必要がある場合には，都道府県知事は，関係のある市町村及び特別区に対し，一部事務組合又は広域連合を設置するよう勧告することができる。

5　一部事務組合を解散するときは，組合の理事会において決定し，総務大臣又は都道府県知事に届け出ればよく，関係地方公共団体の議会の議決は必要ない。

Q240 ★★ 一部事務組合②

一部事務組合に関する記述として妥当なものはどれか。

1　一部事務組合は，これを組織する地方公共団体の数を増減するときは，関係地方公共団体の協議により定めることができる。

2　市町村及び特別区は，一部事務組合を数都道府県にわたって設立することができる。

3　一部事務組合は，強制的に設立されることはなく，市町村が設立する場合には総務大臣の許可を必要とする。

4　一部事務組合は，組合の事業収入で経費を支弁するものであり，その経費を組合内の地方公共団体に分担させることはできない。

5　一部事務組合の議会を，構成団体の議会をもって組織することはできない。

 239 正解チェック欄 1回目 2回目 3回目

1　×　脱退の手続は簡素化されたが，議会の議決を経て，脱退する日の2年前までに他のすべての構成団体に書面で予告をしなければならない（法286条の2①）。

2　×　その執行機関の権限に属する事項がなくなった場合には，その執行機関は，一部事務組合の成立と同時に消滅する（法284条②）。

3　×　一部事務組合の共同処理事務は，組合を構成するすべての市町村又は特別区に共通する種類のものでない場合も認めている（法285条）。

4　○　都道府県知事は，関係のある市町村及び特別区に勧告できる（法285条の2①）。

5　×　解散に当たっては関係地方公共団体の議会の議決を経て，都道府県の加入するものは総務大臣，その他のものは都道府県知事に届け出なければならない（法288条，290条）。

正解　4

 240 正解チェック欄 1回目 2回目 3回目

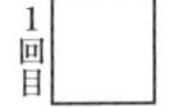

1　×　協議に加えて，都道府県の加入するものは総務大臣，その他のものは都道府県知事の許可を受けなければならない（法286条①）。

2　○　この場合には総務大臣の許可が必要である（法293条①）。

3　×　都道府県の加入する組合は総務大臣の許可が必要であるが，その他は都道府県知事の許可で設立できる（法284条②）。

4　×　組合の経費の支弁方法は，組合の規約で定める（法287条①Ⅶ）。

5　×　一部事務組合の規約で定めることによって，構成団体の議会をもって，組織することができる（法287条の2①）。

正解　2

Q241 ★★ 行政的関与①

国又は都道府県の行政的関与に関する記述として妥当なものはどれか。

1　普通地方公共団体に対する国又は都道府県の関与とは，総務大臣又は都道府県知事の行う助言又は勧告のことである。
2　普通地方公共団体に対して国又は都道府県は，省令又は通達を根拠として関与できる。
3　普通地方公共団体に対して国又は都道府県が関与する場合には，その目的を達成するために必要な最小限度のものでなければならない。
4　国は，普通地方公共団体の法定受託事務の処理に関して，原則として代執行による関与をすることができない。
5　国は，普通地方公共団体の法定受託事務の処理に関しては，地方自治法245条1号及び2号に掲げられた行為以外の「具体的かつ個別的に関わる行為」も当然にすることができる。

Q242 ★★ 行政的関与②

国又は都道府県の行政的関与に関する記述として妥当なものはどれか。

1　普通地方公共団体に対して国又は都道府県は，その目的を達成するために必要以上の関与も当然行うことができる。
2　国は，普通地方公共団体の自治事務の処理に関してのみ，国又は都道府県の施策と当該団体の施策との間の調整が必要な場合を除き，協議による関与を当然にはすることはできない。
3　国は，普通地方公共団体の法定受託事務の処理に関して，国又は都道府県と当該団体の施策との整合性を確保しなければ施策の実施に著しく支障が生ずると認められる場合を除き，同意による関与を当然にはすることはできない。
4　国は，許可，認可又は承認以外の方法によっては適正な処理を確保することが困難な場合を除き，自治事務の処理に関して，当然には許可，認可又は承認による関与をすることはできない。
5　都道府県知事は，市町村長の担任する自治事務の処理が著しく適正を欠くと認めるときは，当該市町村に対し，改善のために講ずべき措置に関し，必要な指示をすることができる。

241　正解チェック欄

1回目□　2回目□　3回目□

1　×　「関与」とは，国の行政機関又は都道府県の機関が行う自治法245条Ⅰ～Ⅲに掲げる行為である。

2　×　国の行政機関又は都道府県の機関は，法律又はこれに基づく政令によらなければ関与できない（法245条の２）。

3　○　関与は必要最小限のものとし（比例原則），普通地方公共団体の自主性・自立性に配慮しなければならない（法245条の３①）。

4　×　代執行による関与が原則としてできないのは，自治事務の処理に関してである（法245条の３②）。

5　×　自治事務，法定受託事務双方について，法245条３号の「普通地方公共団体に対して具体的かつ個別的に関わる行為」は，例外的なものとされている（法245条の３②）。

正　解　3

A 242　正解チェック欄

1回目□　2回目□　3回目□

1　×　関与は必要最小限のものとし，普通地方公共団体の自主性・自立性に配慮しなければならない（法245条の３①）。

2　×　自治・法定受託事務双方について，当然には協議することはできない（法245条の３③）。

3　×　法定受託事務でなく自治事務について，当然には同意による関与をすることはできない（法245条の３④）。

4　○　法245条の３⑤。

5　×　法定受託事務の処理が著しく適正を欠き，かつ，明らかに公益を害していると認めるときは，改善のための措置に関し，必要な指示ができる（法245条の７②）。

正　解　4

Q243 ★★ 行政的関与③

国又は都道府県の関与に関する記述として妥当なものはどれか。

1　各大臣又は都道府県の知事等の執行機関は，普通地方公共団体に対し助言や勧告はできるが，資料の提出要求はできない。

2　各大臣はその担任事務に関し，都道府県の法定受託事務の処理が法令違反と認めるときは，違反の是正措置を要求できる。

3　各大臣はその担任事務に関し，市町村の事務の処理が法令違反と認める場合でも，都道府県を経由しなければいかなる場合でも違反の是正を求めることができない。

4　都道府県知事は，市町村の長等の執行機関の担任する自治事務の処理が法令違反と認めるときは，違反の是正措置を勧告できる。

5　各大臣はその担任事務に関し，都道府県の自治事務の処理が法令違反と認めるときは，その処理が公益を害していないときでも，違反の是正措置を指示できる。

Q244 ★ 国地方係争処理委員会①

国地方係争処理委員会に関する記述として妥当なものはどれか。

1　国地方係争処理委員会は，内閣府に置かれている。

2　国地方係争処理委員会の委員は，常勤３人，非常勤２人の５人で組織する。

3　国地方係争処理委員会の委員は，優れた識見を有する者のうちから，両議院の同意を得て，総務大臣が任命する。

4　国地方係争処理委員会の委員の任命に当たり，国会の閉会又は衆議院の解散のために両議院の同意なくして任命したときは，事後の承認を得る必要はない。

5　国地方係争処理委員会のすべての委員は，在任中，総務大臣の許可がある場合を除き，金銭上の利益を目的とする業務を行ってはならない。

 243 正解チェック欄 1回目 2回目 3回目

1　×　各大臣や知事等は，助言・勧告又は情報提供のために必要な資料の提出を求めることができる（法245条の4①）。

2　×　都道府県の「自治事務」の処理が法令違反，又は適正を欠き，かつ，公益を害していると認めるときは，各大臣は是正を要求できる（法245条の5①）。

3　×　緊急を要するなど特に必要があると認めるときは，大臣自ら市町村に対し，是正を求めることができる（法245条の5④）。

4　○　正しい（法245条の6）。

5　×　都道府県の「法定受託事務」の処理が法令違反，又は適正を欠き，かつ，明らかに公益を害していると認めるときは，各大臣は是正措置を指示できる（法245条の7①）。

正解　4

 244 正解チェック欄 1回目 2回目 3回目

1　×　総務省に置かれている（法250条の7①）。これは，公正・中立性，手続きの透明性，司法審査へ移行する前のスクリーニング機能の充実の観点からである。

2　×　委員は5人で，非常勤とする。ただし，2人以内は常勤とすることができる（法250条の8）。

3　○　法250条の9①。

4　×　事後の承認を得なければならない。事後の承認が得られないときは，総務大臣は，直ちにその委員を罷免しなければならない（法250条の9③，④）。

5　×　金銭上の利益を目的とする業務の禁止は，常勤の委員が対象とされている（法250条の9⑮）。

正解　3

Q245 ★ 国地方係争処理委員会②

国地方係争処理委員会に関する記述として妥当なものはどれか。

1　普通地方公共団体の長等の執行機関は，国の関与に不服があるときは国地方係争処理委員会に審査の申出ができるが，審査の申出は国の関与の効力に影響を及ぼさない。

2　国地方係争処理委員会への審査の申出は，国の関与があった日から，原則として90日以内にしなければならない。

3　普通地方公共団体の長等の執行機関は，国の不作為については国地方係争処理委員会へ審査の申出をすることができない。

4　普通地方公共団体の長等の執行機関は，国の行政庁との協議については，国地方係争処理委員会へ審査の申出をすることができない。

5　普通地方公共団体の長等の執行機関は，国の関与に対する審査の申出をする場合に，あらかじめ国の行政庁にその旨を通知する必要はない。

Q246 ★ 自治紛争処理委員

自治紛争処理委員に関する記述として妥当なものはどれか。

1　自治紛争処理委員は，普通地方公共団体の相互の間又は普通地方共団体の機関相互の間の紛争の調停，連携協約に係る紛争処理のための方策の提示，及び審査請求等の審理を行う。

2　自治紛争処理委員は，都道府県の関与について市町村が不服を有する場合の審査の申出に関して，審査し勧告等を行うことはできない。

3　自治紛争処理委員は，３人とし，総務大臣又は都道府県知事がそれぞれ任命する恒常的に設置される機関である。

4　普通地方公共団体の相互の間又は普通地方共団体の機関相互の間に紛争があるときは，総務大臣又は都道府県知事は，当事者の文書による申請に基づいてのみ，自治紛争処理委員を任命し，その調停に付することができる。

5　自治紛争処理委員の勧告に応じて都道府県の行政庁が講じた措置については，自治紛争処理委員に通知される。

A 245　正解チェック欄　1回目 □　2回目 □　3回目 □

1　○　地方公共団体に対する国の関与に関する係争処理手続においては，執行停止制度が設けられていない。

2　×　関与があった日から30日以内が原則である（法250条の13④，⑤）。委員会は審査の申出日から90日以内に審査を実施する（法250条の14⑤）。

3　×　国の不作為に不服があるときも，審査の申出をすることができる（法250条の13②）。この場合，審査の申出期間は定められていない。

4　×　当該協議に係る普通地方公共団体の義務を果たしたと認めるにもかかわらず協議が調わないときは，国地方係争処理委員会へ審査の申出をすることができる（法250条の13③）。

5　×　国の行政庁に事前に再考の機会を与えるため，あらかじめの通知をしなければならない（法250条の13⑦）。

正解　1

A 246　正解チェック欄　1回目 □　2回目 □　3回目 □

1　○　従来の役割に加え，連携協約に係る紛争処理のための方策の提示は平成26年の法改正で追加されたものである（法251条①，251条の２）。

2　×　自治紛争処理委員の制度には，調停制度，審査制度及び勧告制度がある（法251条，251条の２，251条の３）。

3　×　自治紛争処理委員は，事件ごとに任命される機関であり，役割が終わればその職を失う（法251条②，③）。

4　×　総務大臣又は都道府県知事は，職権によっても自治紛争処理委員を任命することができる（法251条の２①）。

5　×　自治紛争処理委員は，国地方係争処理委員会と異なり，恒常的に設置される機関ではないので，結果報告は総務大臣に行う（法251条の３⑧，⑨）。

正解　1

Q247 ★★ 連携協約

連携協約制度に関する記述として妥当なものはどれか。

1　普通地方公共団体が他の普通地方公共団体と連携して事務処理を行うに当たっての基本的な方針及び役割分担を定める協約（連携協約）は，異なる都道府県の区域に存する市町村間では締結することができない。

2　普通地方公共団体は，連携協約を締結したときは，その告示を行うとともに，総務大臣に届け出なければならない。

3　連携協約を締結するに当たって行う協議については，関係普通地方公共団体の議会の議決を経る必要はない。

4　連携協約を締結した普通地方公共団体は，連携して事務処理を行うに当たって，それぞれ分担すべき役割を果たすために必要な措置を執るようにしなければならない。

5　連携協約を締結した普通地方公共団体相互間に連携協約に関する紛争があるときは，都道府県が当事者となる紛争にあっては総務大臣に対し，文書により，自治紛争処理委員による紛争処理の仲介を求める旨の申請をすることができる。

Q248 ★ 事務の代替執行

事務の代替執行制度に関する記述として妥当なものはどれか。

1　普通地方公共団体は，他の普通地方公共団体（以下，他団体）の求めに応じて，協議により規約を定め，他団体の事務の一部を，他団体又はその長，委員会，委員の名において，管理及び執行すること（事務の代替執行）をしなければならない。

2　事務の代替執行を行おうとする場合，関係普通地方公共団体は協議により規約を定めればよく，協議についての議会の議決は必要とされていない。

3　事務の代替執行をする事務（代替執行事務）を変更しようとするときは，関係普通地方公共団体は，他団体に対し文書により通知しなければならない。

4　事務の代替執行に関する規約には，代替執行事務に要する経費の支弁方法については規定しなくてもよい。

5　普通地方公共団体が事務の代替執行により，他団体又はその長，委員会，委員の名において執行した事務に関し，その執行は，他団体の長，委員会，委員が執行したものとしての効力を有する。

A 247 正解チェック欄 1回目 2回目 3回目

1 × 平成26年の法改正によって新たに連携協約制度が創設された。これは，いかなる普通地方公共団体の間においても締結することができる（法252条の2①）。

2 × 都道府県が締結したものは総務大臣だが，その他のものは都道府県知事に届け出る（法252条の2②）。

3 × 関係普通地方公共団体の議会の議決を経なければならない（法252条の2③）。

4 ○ 正しい（法252条の2⑥）。

5 × 自治紛争処理委員による紛争処理のための方策の提示を求める旨の申請をすることができる（法252の2⑦）。

正解 4

A 248 正解チェック欄 1回目 2回目 3回目

1 × 事務の代替執行については，当該普通地方公共団体は，他団体の求めに応じてしなければならないのではなく，することができる（法252条の16の2①）。

2 × 事務の代替執行を行うための協議については，関係普通地方公共団体の議会の議決を経なければならない（法252条の16の2③，252条の2の2③本文）。

3 × 代替執行事務を変更し，又は事務の代替執行を廃止しようとするときは，関係普通公共団体は協議してこれを行わなければならない（法252条の16の2②）。

4 × 代替執行事務に要する経費の支弁方法は，規約に規定しなければならない（法252条の16の3）。

5 ○ 正しい（法252条の16の4）。

正解 5

Q249 ★★ 国又は都道府県の関与に関する訴え

普通地方公共団体に対する国又は都道府県の関与に関する訴えに関する記述として妥当なものはどれか。

1　普通地方公共団体の長等は国地方係争処理委員会への審査の申出をしなくとも，国の関与に関する訴えを提起することができる。
2　普通地方公共団体の長等は国又は都道府県の違法な関与に対する取消訴訟は提起できるが，不作為の違法確認訴訟は提起できない。
3　この訴訟は機関訴訟であり，当該普通地方公共団体の区域を管轄する高等裁判所の専属管轄とされている。
4　原告は，この訴えを提起したときは，30日以内に，文書により，その旨を被告に通知しなければならない。
5　国等が普通地方公共団体に対し是正の要求等をした場合に，地方公共団体がこれに応じた措置を講じないときは，国等は違法確認訴訟を提起することができる。

Q250 ★ 地方自治特別法

憲法95条に定める地方自治特別法に関する記述として，妥当なものはどれか。

1　一の普通地方公共団体にのみ適用される特別法が国会で議決されたときは，最後に議決した議院の議長は，直ちに総務大臣に通知しなければならない。
2　通知を受けた総務大臣は，議決後5日以内に関係普通地方公共団体の長にその旨を通知するとともに，当該法律その他関係書類を移送しなければならない。
3　通知を受けた関係普通地方公共団体の長は，その日から30日以内に，選挙管理委員会に，住民投票を行わせなければならない。
4　住民投票は，政令で特別の定めをするもの以外，公職選挙法に定める普通地方公共団体の選挙に関する規定を準用する。
5　住民投票で過半数の賛成があった場合，関係普通地方公共団体の長は，この法律を公布する。

A 249 正解チェック欄 1回目 2回目 3回目

1　×　この訴訟を提起するには，国地方係争処理委員会への審査の申出を前置しなければならない（法251条の５①）。

2　×　違法な関与に対する取消訴訟又は不作為の違法確認訴訟を提起することができる（法251条の５①，251条の６①）。

3　○　行政事件訴訟法６条，自治法251条の５・１項，３項，251条の７・１項，３項。

4　×　被告への通知を「直ちに」行うとともに，当該高等裁判所にその通知をした日時，場所及び方法を通知しなければならない（法251条の５④，251条の７③）。

5　×　国等が違法確認訴訟を提起することができるのは，地方公共団体が是正要求等に応じた措置を講じず，かつ，国地方係争処理委員会への審査の申出もしないとき等である（法251条の７）。

正解　3

A 250 正解チェック欄 1回目 2回目 3回目

1　×　内閣総理大臣に通知しなければならない（法261条①）。

2　×　議決後５日以内ではなく，通知を受けた日から５日以内である（法261条②）。

3　×　31日以後60日以内である（法261条③）。

4　○　そのとおりである（法262条①）。

5　×　関係普通地方公共団体の長が総務大臣に報告し，総務大臣からの報告により内閣総理大臣が公布する（法261条④，⑤）。

正解　4

これで完璧　地方自治法250問〈第６次改訂版〉

平成12年12月15日　初版発行
平成15年８月25日　第１次改訂版発行
平成18年10月25日　第２次改訂版発行
平成23年12月20日　第３次改訂版発行
平成26年１月25日　第４次改訂版発行
平成30年２月25日　第５次改訂版発行
令和６年２月26日　第６次改訂版発行

編著者　地方公務員昇任試験問題研究会（ちほうこうむいんしょうにんしけんもんだいけんきゅうかい）

発行者　佐久間重嘉

学陽書房　〒102-0072　東京都千代田区飯田橋１－９－３
営業（電話）03-3261-1111(代)
（FAX）03-5211-3300
編集（電話）03-3261-1112(代)
http://www.gakuyo.co.jp/

Printed in Japan.　装丁／佐藤博　印刷／東光整版印刷　製本／東京美術紙工
ISBN 978-4-313-20336-5　C 2332
乱丁・落丁本は，送料小社負担にてお取り替えいたします。